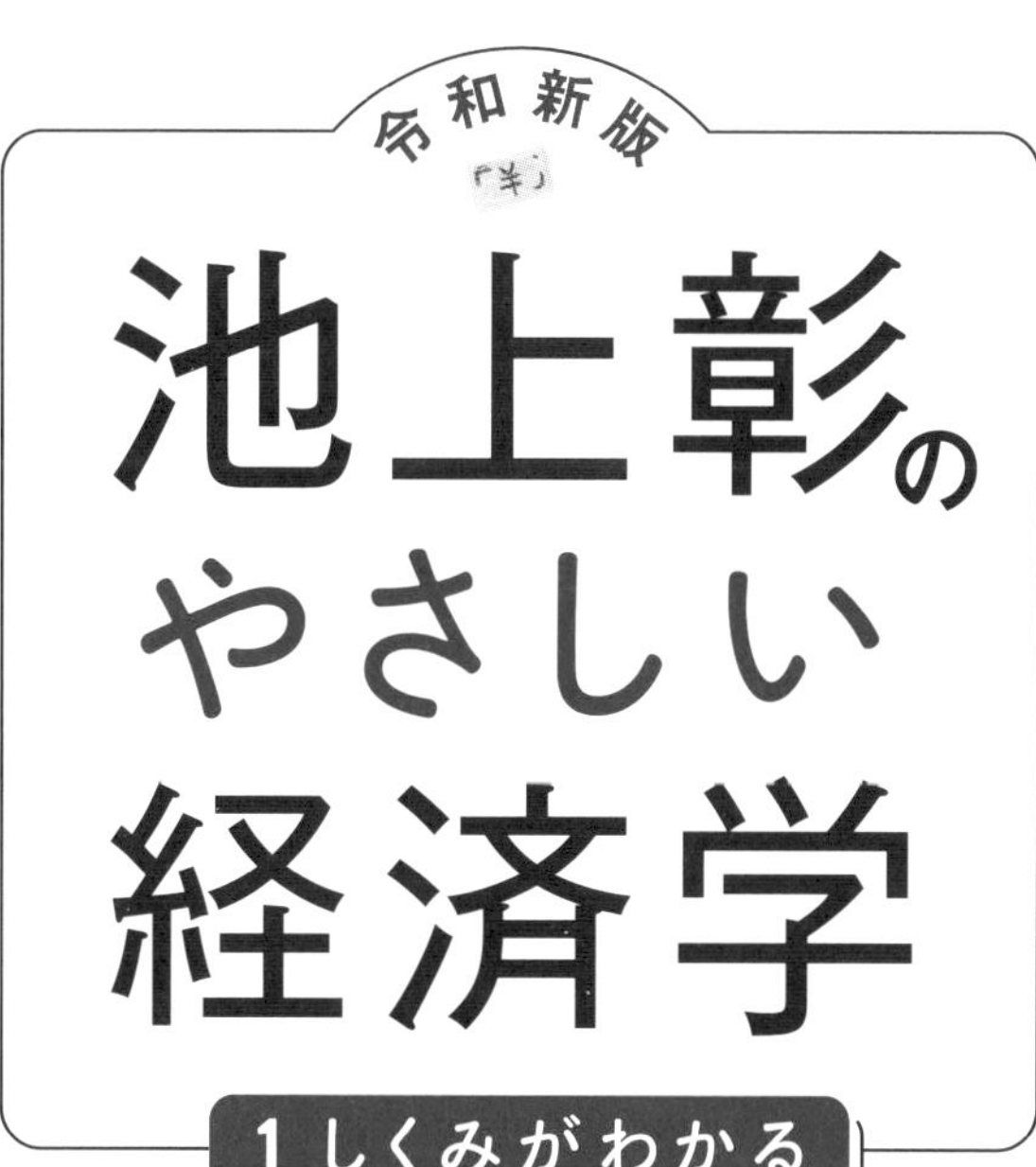

池上 彰 著

テレビ東京報道局 編

日本経済新聞出版

目次

本書は、2011年から2012年にかけて行われた京都造形芸術大学（現・京都芸術大学）での講義をもとに、BSジャパン（現・BSテレ東）・テレビ東京で製作した番組「池上彰のやさしい経済学」を再構成したものです。

あらためて経済学の勉強を

――令和新版のための「はじめに」

経済学部ではない大学生諸君に講義した経済学の講義を本にしてから10年、その改訂版を出すことになりました。あれから日本も世界も大きく変わったからです。

しかし、経済のしくみというのは、時代が変わっても意外に大きな変化はないものです。ですから、いったん経済学の基礎をしっかり学んでおくと、ずっと役に立つのです。

そこで、情勢の変化を踏まえて、加筆修正をしてみました。

この10年で大きく変わったことといえば、なんといっても新型コロナウイルスによる感染症の拡大でしょう。感染の拡大を防ぐため、世界各国は都市のロックダウンに踏み切ったり、外出の自粛を呼びかけたりしました。その結果、経済活動は低下。国際間の貿易額も縮小しました。

経済学の基本である「需要と供給」の関係に照らしてみると、「需要」が突然消失してしまったのです。

それまでも「需給ギャップ」が問題にされてきました。つまり、大量の商品の供給はあるのに、需要が追いつかない状態で、不景気だったのです。それが一段と広がってしまったのです。

その結果、石油価格が急落しました。経済活動が止まると、石油の需要が減るからです。石油の供給量はすぐには減らせませんが、需要が減ったために、ここでも「需要と供給」の関係で石油価格が下がったのです。

時代が変わり、国際情勢が変化しても、「需要と供給によって価格が変動する」という経済学の基本に変化はなかったのです。

でも、経済活動が止まったことで石油を使わなくなったら、世界各地で大気汚染が軽減され、きれいな海も戻ってきました。私たちの経済活動が、いかに世界の環境を汚染していたかが歴然としました。

それでも新型コロナ対策としてワクチン開発が急ピッチで進み、ワクチンのおかげで前のような経済活動が復活してきました。

コロナ禍で日本に来ることができなかった外国人観光客の姿も各地で見られるようになりました。「インバウンド」の復活です。この人たちのおかげで、日本経済が潤うことが期待されています。

その一方、2022年2月にはロシアによるウクライナ侵攻が勃発。日本を含む欧米各国はロシアに対して経済制裁を発動しました。ロシアから石油や天然ガスを買わないようにしたために、それ以外の国の石油や天然ガスの価格が暴騰し、私たちは、高い価格でエネルギーを輸入しなければならなくなりました。それは即、電気料金やガス料金の値上がりに直結しました。デフレから一転、インフレという言葉が頻繁に聞かれるようになりました。

これまで日本銀行は金融緩和を進め、物価上昇率2%を実現しようとしてきましたが、まったく効果がありませんでした。ところがロシアによる侵略で、日銀の目標が達成できそうになってきました。皮肉なことです。

エネルギー価格の上昇だけではありません。ウクライナもロシアも小麦の一大産地。小麦が輸出できなくなったことで、国際社会の小麦価格も急騰しました。

こうした光景を見てしまうと、私たちは「食料安保」という言葉を思い出します。食料自給率をどう高めるか、食料のサプライチェーンをどう構築すべきか、議論は尽きません。そんな議論を理解するためにも、経済学の基礎知識は必要になります。まずは、この本から始めてみましょう。健闘を祈ります。

ジャーナリスト　池上　彰

2023年6月

はじめに

「経済学」と聞いただけで、「むずかしそう」と思っていませんか？

「経済」という言葉が、そもそもとっつきにくいのに、そこに「学」という文字が入っているのですから、当然の反応です。

でも、あなたは、普段から意識しないまま経済活動をしています。朝起きて顔を洗うとき、歯磨き粉や歯ブラシ、洗顔クリームなど各種の商品を使っていますね。あなたは、それを、お金（通貨）を使って買いました。なぜ、別の商品を買わずに、いま使っている製品を購入したのでしょうか。そこには、あなたの選択があったはずです。こうした選択を考えるのも、経済学です。

顔を洗ったら、自宅を出ます。学校に行きますか？　働きに行きますか？　このときあなたは、「遊びに行く」という選択を放棄していますね。これを「機会費用」と言います。ある選択をしたことで、別のチャンスを捨てている（逃している）のです。

たとえば、この本を買った、あなた。買った本を読むことで、映画を見たり、ゲームで遊んだりする時間を放棄します。これが機会費用の考え方です。

せっかくの費用と時間をかけ、あることをしようとしているのですから、それが無駄にならないようにしようとは思いませんか。選択と機会費用の概念（考え方）を知ることで、あなたの生活は変わってくるはずです。これまでより有意義な生活が送れるようになるでしょう。

この本は、そんなことを意識しながらつくりました。1と2に分かれていますが、この1では、とりわけ「お金」について考えています。

お金（通貨）とは、そもそも何か。どうして生まれ、どのように私たちの生活を豊かに、あるいは貧しくすることになったのか。それを理解するために、経済学者の理論（考え方）に触れてみることにしましょう。どの経済学者の理論を採用するかで、この世は大きく変化するという事実を、あなたは知ることになるでしょう。

この本は、私が２０１１年夏に京都造形芸術大学（現・京都芸術大学）で客員教授として行った一般教養の集中講義「経済学」がもとになっています。授業の内容は、テレビ東京系列やＢＳジャパン（現・ＢＳテレ東）で放送されました。

対象の学生は芸術系の人たちですから、経済に関心のある経済学部の学生とは色彩が異なります。経済学を敬遠しがちな学生も交じっていました。そうした人たちに、どうすれば関心を持ってもらえるか、創意工夫（悪戦苦闘）しながらの授業でした。

それでも、学生たちが活発な意見や質問をしてくれたことで、授業はスムーズに進みました。学生たちに感謝です。彼らからは、「経済がこんなに身近なものだったとは」「経済学が、これほどおもしろいものだとは知りませんでした」「機会費用を心に留めて生活します」などという感想を多数いただきました。

２０１３年５月

ジャーナリスト　池上　彰

Chapter.1

金は天下の回りもの

——経済とは何だろう？

Chapter.1は、「経済学とは何か」です。
実は私たちは毎日、無意識のうちに経済活動をしています。
それは一体どういうことでしょうか。
まずは、私たちの普段の生活や身の回りのことから、
経済学の基礎をやさしく解説していきます。

POINT

「経済学」とは何か？

— 1 —

「経済学」とは、世界中の限りある資源をどう配分するか、という学問。

— 2 —

「経済学」を知るなら、まずは「マクロ経済学」「ミクロ経済学」「行動経済学」を知ろう。

— 3 —

景気は、失業率などの指標によって決まるもの。経済成長率アップ＝景気がいいとは限らない。

経済の語源は「経世済民」

それでは始めます。まずは、そもそも経済って何だろうか。あなたは、経済というと何をイメージしますか?

学生A　社会の中でお金が回ること。
学生B　すごい純粋に難しいイメージ。
学生C　社会とお金をつなぐもの。
学生D　私たちの生活そのものというか、生きていくためにものを交換すること。

皆さんさまざまなイメージをお持ちと思います。あらためて経済とは一体どんなものか考えていきましょう。

「**経済**」という言葉は、明治以降に日本で生まれた、つくられた言葉です。それまで経済という言葉はありませんでした。明治維新で日本が鎖国を解くと、海外からいろいろな言葉が入ってきましたが、「エコノミー」という言葉もこのとき入ってきて、これを何と訳そうかということになりました。いろいろ考えた結果、中国に「**経世済民**」という言葉がある、じゃあこれを使おうかということになりました。

「経」というのは治めるという意味です。経世というのは「世を治める」の意味です。そして「済民」は「民を救う」という意味です。世を治め民を救う、この4文字の言葉から「エコノミー」は「経済」と訳したらどうかということになり、これがそのまま経済という言葉として定着しました。

実は「経済」とは別に、もう一つ訳がありました。**「理財」**です。「理」というのは理（ことわり）、論理ですね。「財」は財産。商品やお金と言ってもいいでしょう。お金の流れ方を調べるという意味の「理財」という訳もつくられたんですね。「経済」と「理財」という2つの言葉が生まれたのですが、いつしか「経済」を一般的に使うようになりました。いまでも年配の方には「理財」という言葉を使う人がいます。

経済「学」とは何だろう？

経済というのは、あらゆる私たちの生活と関係しています。あなたが普段の生活の中で無意識に行っている経済活動を科学的に分析していこうと生まれたのが「経済学」という学問です。経済学と聞くと、金儲けのための学問というイメージを持っている人も少なくないのではないでしょうか。あるいは、やたらに難しい数式を使って、まるで数学そのもののようなイ

「経済」とは「世を治め民を救う」という「経世済民」からきている

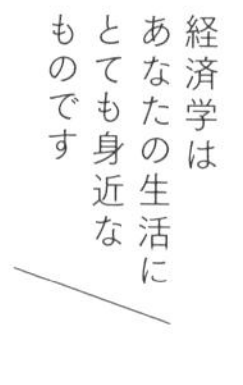

経済学とは資源の最適配分を考える学問

若者たちも日本の貴重な資源

ここでいう「資源」とは原油や鉱物といった文字どおりの資源だけでなく、労働力も含めてよいでしょう。

地球上の多くの資源には限りがあります。その最適配分を考え、いかに最大の効果を得るのかを考え抜く学問なのです。日本のように資源がなく、しかも人口が減り始めている国では、学校で学び、社会へ出る若者たちも貴重な資源です。

メージがあるかもしれません。ですが、経済学というのは金儲けのための学問ではないんですね。皆さんの生活にとって大変身近なものなのです。何かと言いますと、**資源の最適配分**を考える学問なのです。

どういうことか。つまり、世の中のあらゆる資源に無限のものはありません。たとえば天然資源で言うと、鉄鉱石であろうと石炭であろうと、石油であろうと天然ガスであろうと、資源というのはみんな限られていますね。その限られている資源をどのように有効に使えば、私たちの暮らしが少しでもよくなるんだろうか。それを考えるのが経済学です。

社会主義経済はうまくいかなかった

私の学生時代、もう50年以上前になりますが、その頃の日本では、経済学というのは2種類ありました。一つは社会主義の「**マルクス経済学**」。**カール・マルクス**が考えた経済学です。もう一つはそれに対抗する「**近代経済学**」。どっちのコースを勉強しようかな、とある程度選択をして大学の経済学部に入るという状態でした。

まだその頃は、世界には社会主義諸国がたくさんあって、マルクス経済学は有効な学問だと考えられていました。かつて社会主義国だったソ連（ソビエト社会主義共和国連邦）や東ヨーロッパの国々、あるいは以前の中国もそうですが、これらの国々で

経済学の種類

・マルクス経済学
・近代経済学

は、自由な経済活動は行われていませんでした。これら社会主義国では、資源の配分を人々に勝手にやらせていては、とんでもない問題が起きると考えられていました。そこで、国家が経済計画を立てていました。国全体で1年間にどれだけの鉄をつくるのか、どれだけの自動車をつくるのかなど、すべての計画を立てて、その計画どおりにやっていけば資源の最適配分ができる、そう考えられていました。

でも、この方法はうまくいきませんでした。とてつもない無駄が出てしまって、結局、**社会主義経済**の国々は崩壊してしまいました。中国だけは一応、社会主義という看板を掲げていますが、実際はもう資本主義そのものの状態になっています。資源の最適配分は、国家の一握りのエリート官僚が計画を立ててやったのではうまくいかなかった。**市場＝マーケット**で、みんなが自由にものを**交換する**というやり方でやったほうがうまくいくということになったんですね。

このように、社会主義はどうもうまくいかなくなったとなってから、多くの大学はマルクス経済学ではなく、近代経済学のほうを教える先生ばかりになりました。

経済学的なものの見方を身につけよう

現在、近代経済学は「**マクロ経済学**」と「**ミクロ経済学**」という大雑把にこの2つの分け方で考えるようになっています。マクロは、全体的なとか、大きいという意味

社会主義経済
国家による計画経済

国家が、必要なものを調べてすべての生産計画を立て、その計画どおりに生産をする経済体制のこと。計画経済とも言われる。

ですね。ミクロは細かいとか小さいという意味です。要するに、大きくとらえるか、小さくとらえるかの違いです。

マクロ経済学というのは、たとえば日本の景気が悪い、あるいは世界の景気が悪いときに政府はどんな対策をとればいいのだろうかという、大きな経済のメカニズムを考える学問です。一方、ミクロ経済学というのは、私たち消費者やそれぞれの**家計**がどんな消費行動をとるのか、また、それぞれの企業が限られた資源をどのように有効に使い、どれだけの従業員を雇って、どんな商品をどう売っていくのか、そういう細かいメカニズムや法則性、そういうものを見つけて分析する学問です。

この講義では、マクロとミクロの両方を取り上げますが、あまり難しい概念を使うことなく、あなたがこれから日常生活でふと気づいたときに、これって私が経済活動をしているんだなとか、あるいは社会の中でどのような行動をとればいいのか、ということを考える、ある種の経済学的なものの見方を教養として身につけてもらおう、そういう趣旨で話をしていきます。

何を選択し、何を捨てるのか。それが経済学

まず、経済学というのは、**選択の学問**と言っていいでしょう。ありとあらゆることを選択するんですね。そこには、あらゆる資源は必ず限られている、有限であるとい

マクロ経済学
＝
大きな経済のメカニズム
国の経済政策

ミクロ経済学
＝
家計や企業が
どんな行動をとるか

う**「資源の希少性」**という考え方があります。限られた資源をどう選択するのか、それが経済学であると言えます。

世の中に石油がいくらでもあって、無限に石油を汲み出すことができたら、石油をどこにどう使うかなんて考えなくていいですよね。街のそこら中にケーキがいっぱいあふれていて、ただでケーキを食べられるのであれば、自分の限られたお小遣いでどのケーキを食べようか、なんて悩まなくていい。ありとあらゆるものがあふれていたら、経済学は成り立たないんですね。世の中にあるものすべてが限られている、希少性があるからこそ、それをどういうふうに使おうかと考えるところで、経済学は成立します。

あなたが使える時間は1日24時間しかありません。24時間のうち、12時間寝るのか、8時間なのか、6時間なのか。残りの時間は勉強をするのか、アルバイトをするのか、デートをするのか。これもみんな一つひとつを選択することになります。私たちはいつも、すべてのことを無意識に選択して暮らしているのです。もっと大きな話で言えば、地面から鉄鉱石を掘り出し、それを石炭で燃やして溶かして鉄をつくる。その鉄でマンションの鉄骨をつくろうか、あるいは運搬船をつくろうか、自動車をつくろうか、それとも農業用のトラクターをつくろうか。このように、限られた資源を何に使うのかということによって、世の中は大きく動いていくわけですね。まさにこれは選択するということです。

家計
経済基盤をともにする最小単位の集団

経済学では家計が消費を行うと考える。

資源の希少性
人間の欲望に対して資源は限られている

人間には無限の欲望があるのに対して、その欲望を満たすための資源は限られていること。この考え方によって、経済学の基本問題が発生する。

そして、何かを選択しているということは、それ以外のことを捨てていることになります。あなたが何かを選択したということは、その代わり何かを捨てているのです。その捨てているもの、これは、「はじめに」でも取り上げた**「機会費用」**です。何かを選択することによって、別の貴重なチャンス、すなわち「機会」を捨てている、その費用を払っている、こういう考え方もできるのです。

機会費用
選択によって失う
機会のこと

［補足講義］

トレードオフと機会費用 ❶

2020年初め、新型コロナのパンデミックでヒト、カネ、モノの動きが止まってしまい、世界経済が急激に落ち込みました。地球規模で拡大が続き、生命を守るためには、都市封鎖（ロックダウン）や外出の抑制など経済活動を止めるような対策をとる必要があったからです。多くの経済学者や政策担当者は、この経済活動と感染防止策とは、「トレードオフ（相反）」の関係にあると考えました。選択肢が限られている中で、Aを選べば、Bを失う。あちらを立てれば、こちらが立たず、という困った状況です。

これは限られた資源の配分、選択を考える学問である経済学の基本的な考え方の一つですね。予算や資源の制約がある中で、何かを選ぼうとすると、こうした状況に直面する。その場合は、具体的な選択肢の長所と短所、利害得失をよく考えたうえで、政策などを決めることが求められます。

コロナ危機では、強い感染抑止策をとるほど経済活動を止めることになり負の影響が大きくなりました。経済の落ち込みを防ぐために、買い物にでかけようといった消費拡大策をとれば、感染を広げかねませんでした。一方だけにするというわけにもいきません。そこで、国によって程度の差はありましたが、各国の政策当局は、感染の広がりを分析し、タイミングを見ながら金融緩和策や経済対策などを実施しました。日本でもトレードオフを考慮しながら、感染抑止と経済的な損失を補う政策がとられました。

トレードオフの状況では、Aを選ぶ場合とBを選んだ場合、それぞれの利益と損失を比べて考えることが大事ですが、選ばないことによる損失を「機会費用」と考えます。

「**イチバ**」現物が目の前にあって売り買いする場所

写真：時事

市場「イチバ」と「シジョウ」の違い

このようにあなたはいろいろなものを選んでいく、それでいろいろな商品を買う。そしてあなたが商品を買うことによって、商品の値段がついていきます。商品の値段がつくといって、まずあなたが思い出すのは市場（**イチバ**）でしょう。たとえば、豊洲などにある魚市場。みんな指を振り上げ、名前や番号が書かれた帽子をかぶっています。仲買人という人たちがここでせりをしてマグロを買い、今度はそれを魚屋さんに卸し、皆さんは魚屋さんに行ってマグロを

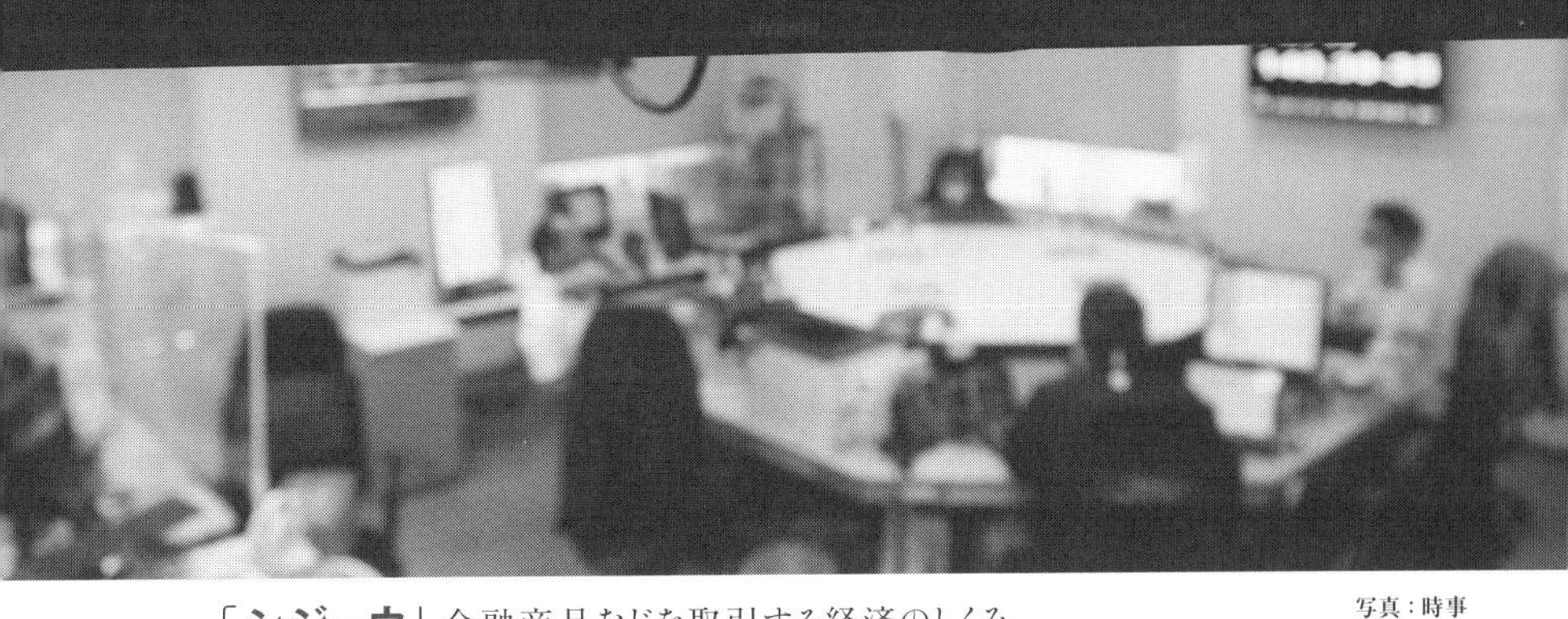

「**シジョウ**」金融商品などを取引する経済のしくみ

写真：時事

買うことができます。一部の人だけがせりをすることができるのですが、こうやって魚の値段が決まっていきます。

景気がよくなり、上等なおいしいトロを食べたいなという人が増えれば、マグロの需要が増えていきますね。すると値段は上がっていく。マグロを食べたい人がそんなに多くなくても、不漁であまりマグロが獲れなかったら、そもそも数が少なくなるわけですから、やっぱり値段が上がります。逆に大変な豊漁になっちゃった、でもみんながそんなに欲しがらなければ、マグロの値段は下がっていく。「**需要と供給**」という言葉を聞いたことがあると思います。欲しいとい

う「需要」と、売りますという「供給」。これによってものの値段が決まっていきます。

そうやって値段が決まっていくのは、魚市場だけではありません。円やドルの外国為替も需要と供給によって決まります。前頁の写真は「**上田東短フォレックス**」という会社です。この会社では、円やドルなどを買いたい、あるいは売りたいというお客さんの注文を受け付けています。電話で注文を受け、じゃあ売りますよ、買いますよといって値段が決まることもありますが、実際はほとんどがコンピューター上で取引が行われています。でもこれは、マグロや野菜のように実物があるわけではないので、市場（イチバ）ではなく、市場（**シジョウ**）という呼び方をしています。

実際に現物が目の前にあってそれを売り買いをする場、これが市場（イチバ）。それに対して市場（シジョウ）というのは、誰が売ろうとしているのか、誰が買おうとしているのか見えません。コンピューター画面上の極めてバーチャルなものを市場（シジョウ）と呼びます。市場という言葉には、このような呼び方の違いがあるのです。

●**上田東短フォレックス**
1999年、業界最大手のトウキョウフォレックスと上田ハーロー の共同出資によって外国為替の売買や外貨資金貸借の仲介を主業務として設立。2019年に現在の名前に商号変更。

ものの値段は需要と供給によって合理的に決まる

「需要と供給によってものの値段が決まる」ということは、あなたも聞いたことがありますよね。経済学には、需要曲線と供給曲線のグラフがあります。経済学というのは、とりあえずこのグラフの読み方、この概念を頭に入ることができれば、それでいいようなものです。

　それでは、このグラフを見ていきましょう。まず**需要曲線**。これはものを買う側から見たものです。横軸は需要量（買いたい数量）、縦軸が価格です。何か欲しいものがある。でも値段が高いときは、買う人は少ない。すなわち需要が少ない。ところが**ものの価格（縦軸）が下がると、その値段なら買ってもいいなという人が増えてきます。つまり需要量（横軸）が増えてきます**。この曲線は右肩下がりになりますね。これが需要曲線です。価格が高いと買う人が少ない、安ければ大勢の人が買うということをあらわしています。

　一方、**供給曲線**。これは、ものをつくって売る側から見たものです。横軸は供給量（売る数量）、縦軸は価格です。価格（縦軸）が低いと、つくっても儲からないので、あまりものをつくりません。でも欲しいという需要

需要曲線と供給曲線

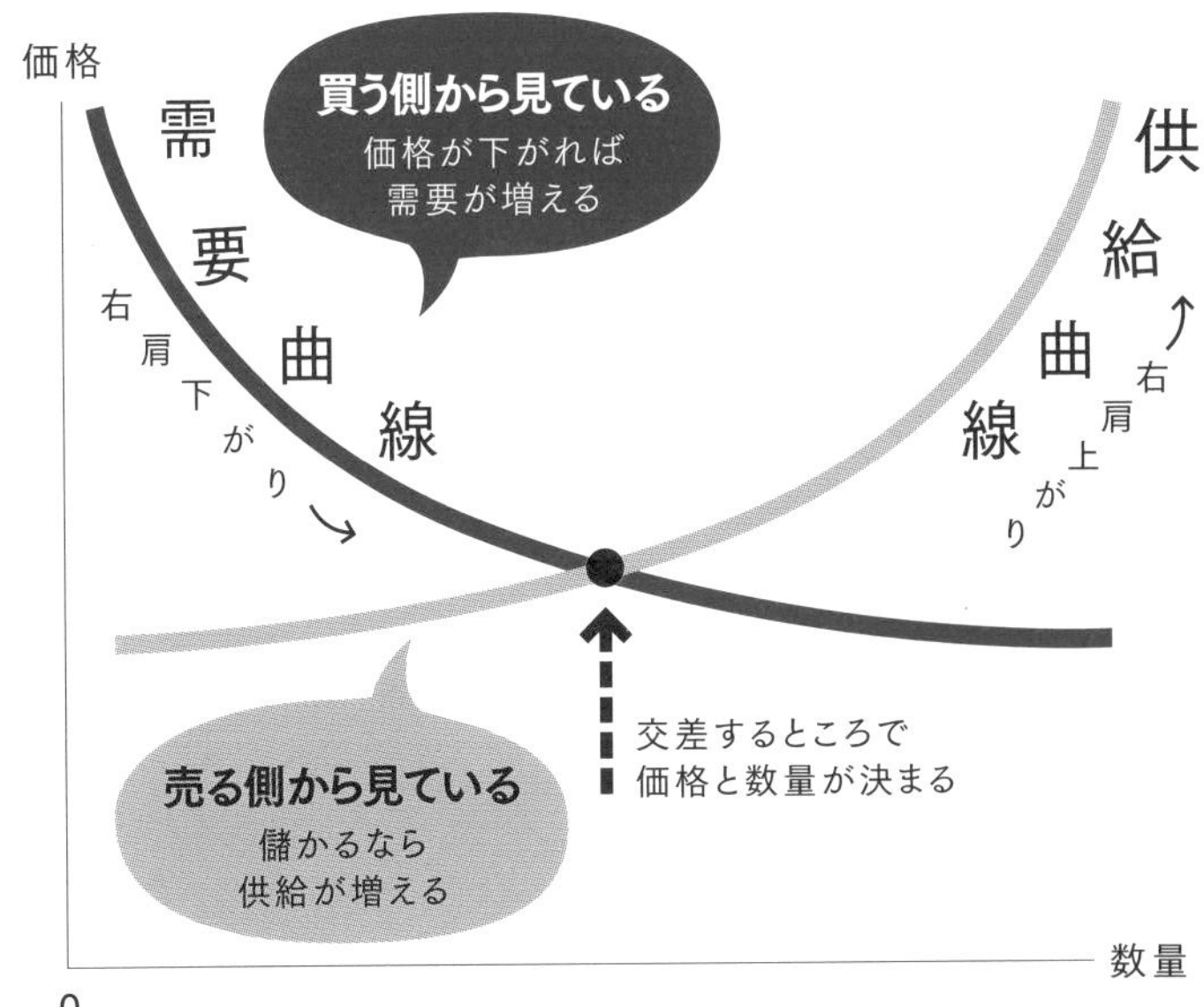

が増えると、高い価格でも買う人が出てくる。すると、高い価格で売れるなら、もっとたくさんつくろうと、供給量（横軸）が増えてくるわけです。供給曲線は右肩上がりになります。**価格が高くなればなるほど、たくさんの人がものをつくるようになる。この需要曲線と供給曲線が交わった場所、ここで値段と数が決まるわけです。**

たとえば最新型のスマートフォンが発売されたとします。買う側は欲しいけれど、値段が高い。もうちょっと待てば安くなるかもしれないから我慢する。このとき需要は少ないですね。一方でメーカーでは、最新製品だから売れると思ったら、値段が高くて意外と売れない。もっと安くすれば売れるかなと、値段を下げる。するとその値段なら買おうかなという人が出てきて需要が増えます。需要が増えれば売れますからメーカーは生産を増やしていきますね。常に需要と供給が交わったところで値段が決まります。

あなたが買い物に行って、欲しいけれどこれは高いなと思っても、その値段で買う人がいるからその値段になっているんですね。このように、需要と供給のバランスでものの値段が決まっているということになります。

２０２３年春、多くの人の台所を直撃する「事件」が起きました。値上がりしにくい「物価の優等生」と言われてきた卵が高騰したのです。Mサイズの卸値が3月は前年同月比で76%も上がり、１９９１年以来の高値となり、店頭価格も同2割超上昇しました。品不足から一時はパック入りの卵がスーパーの店頭から消えたケースもありました。鳥インフルエンザの感染拡大が続き、処分されるニワトリが増え、卵の供給量が

減ったことが原因でした。もともと、卵の生産者は2020年からの新型コロナウイルス禍による需要減やウクライナ侵攻後の飼料高騰を受けて、生産そのものを絞ってきていたという事情もありました。そこに、鳥インフルエンザの影響が加わり、供給力が大幅に低下したのです。一方、私たち消費者は、卵がないと困りますね。代わりに納豆や豆腐の消費を増やす人もいるとは思いますが、値段が上がっても卵に対する需要を大きく減らすことはないようです。だから、需要曲線はそれほど変化しません。ところが、生産者のほうは、現状ではすぐに供給を増やせそうにない。とすると、供給曲線の傾きは垂直に立ってきます。その結果、需要と供給は、前よりも高いところで一致して、価格が決まることになります。こうして卵の価格も、需給のバランスによって決まっているのです。

人はいつも合理的に行動するわけではない——行動経済学の出現

ここで問題なのは、世の中は合理的にものごとを考える人ばかりではないということです。でも経済学では、一応人間というのは合理的に行動するのだということを前提に、理論を組み立てています。そうじゃないと、そもそも議論にならないからです。同じ品質で高い商品と安い商品があれば安いほうを買う。同じ値段でよいサービスと

合理的経済人
ホモ・エコノミクス

自己の利益を最大化しようと選択して行動する人間のこと。多くの経済学モデルの基本前提となっている。

悪いサービスがあればよいサービスを選ぶ。そういう人間のモデルのことを**「合理的経済人（ホモ・エコノミクス）」**と言います。ものごとをすべて合理的に考え、合理的な経済活動をする人がいることを前提に経済学というのはできています。

ところが、人間は生き物ですから、ときには合理的な行動をしないこともあります。たとえば、３０００円と５０００円の商品を売ることになったとします。あるお店では、３０００円の商品と５０００円の商品を並べて売りました。すると３０００円の商品はたくさん売れましたが、５０００円の商品はあまり売れません。

一方、別のお店では、同じ３０００円の商品と５０００円の商品の横に、さらにもう一つ、１万円の商品を並べて売りました。そうしたら、なんと５０００円の商品がかなり売れたのです。まったく同じ商品であるにもかかわらずです。これは、合理的じゃないですよね。合理的に判断すれば１万円の商品が横に並んでいようがいまいが、５０００円の商品は同じだけ売れるはずです。

しかし、人間というのは不思議なもので、１万円の商品が横にあると５０００円が安く見えるんですね。あるいは、真ん中の値段の商品があると、よし真ん中を買っておこうと思う。寿司屋に行って、松竹梅どれにし

1万円の商品があると、5000円のほうが安く見える

¥10,000 ¥5,000 ¥3,000

ようか、松は高いな、梅はちょっとな、じゃあ竹にします、みたいな人間の心理はありますよね。同じように、こういう並べ方をすると５００円がよく売れる。これは合理的な経済活動とは言えませんよね。

経済学というのは人間はすべて合理的に行動をするということを前提にしてきたのですが、もっと人間の心理というものを考えながら経済学を組み立てたほうがいいのではないかという考え方が出てきました。そのような経済学のことを、**「行動経済学」**と言います。本屋さんでも「行動経済学」というタイトルがついている本が増えました。人間というのはすべて合理的にものごとを考えるわけではない、心理なども影響しながら、経済活動をしているのじゃないかということです。

なぜ高級ホテルのコーヒーは高いのか

さあそこで、需要と供給の話では水とダイヤモンドとどちらに価値があるのかという、究極の設問があります。さあ、どちらが貴重でしょうか。

日常生活では、蛇口をひねると水が出てきます。水道代もそんなに高いわけじゃない。コンビニに行ってミネラルウォーターを買っても、そんなに高いわけではないですよね。でもダイヤモンドはとても高い値段がついています。それはダイヤモンドのほうが貴重品だから、価値が高いに決まっている。私たちが暮らしているいまの社会

行動経済学
経済学に心理学を導入

心理学の理論を経済学に導入することで生まれた経済学の一分野。第一人者であるダニエル・カーネマンは２００２年、ノーベル経済学賞を受賞している。

ではそうですよね。

でも、仮にあなたがサハラ砂漠でたった一人、道に迷ったとしましょう。あなたは砂漠の中でダイヤモンドを見つけました。でも何の役にも立たないですよね。それよりも一杯の水のほうがずっと貴重なわけです。水があれば命が長らえる。となれば、水のほうがはるかに貴重品だということになります。ということは、値段というのは、そのときそれぞれの事情に応じてまったく違うということが言えます。

では、ここであなたに問題を出しましょう。高級ホテルの喫茶コーナーに行ってコーヒーを注文すると、1杯1000円以上します。どうして高級ホテルのコーヒーの値段は高いのでしょうか。これまで私が話してきたことで、ある程度わかるはずです。ドトールコーヒーだったら250円で飲めるのに、何で帝国ホテルだったりホテルオークラだったりすると1000円以上もするのか。

学生A　宿泊費が高いので、ホテル内で売っているものの単価が非常に高くても客は支払うのではないか。

そもそも宿泊費が高いからコーヒー代を高くしても支払う。何で？

そこで宿泊して近くのドトールに飲みに行けばいいじゃない。かなりいいセンいったけどもうちょっと。

学生B　その値段を払ってでも、そこでコーヒーを飲みたいという人がいるから。

そのとおりですね。高級ホテルは都心の一等地にあって、そもそも土地代などのコストが高いからその値段なのだろうと考える人がよくいますが、高級ホテルから一歩外に出てみるとドトールやスターバックスがあったりします。同じ一等地でも、そこでは安い値段で売っている。たしかに地価も高いだろうけど、それがコストを引き上げていることにはなりません。では、なぜ高いのか？　高級ホテルの喫茶で雰囲気を楽しみながらコーヒーを飲む、その雰囲気を楽しむためであれば、

「ナッジ」を知っていますか?

新型コロナウイルスの感染拡大防止策として注目された行動経済学の手法が「ナッジ」です。ちょっとした指示、配慮をすることで人々の行動を促すやり方のことで、英語（nudge）の「肘でつつく」「そっと押して動かす」の意味からきています。宇治市やつくば市では、アルコール消毒液の場所を指示する方法や場所を変えることで、手を消毒する人が大幅に増えました。経済学が社会の役に立っている実例ですね。この概念を提唱したシカゴ大学のリチャード・セイラー教授は、2017年にノーベル経済学賞を受けています。

高いお金を出してもかまわないという人が大勢いるから高い値段で成り立っているんです。需要と供給の話で言えば、高い値段でもそこで飲む人がいるから、高いコーヒーが供給されているということですね。このように、ものの値段は、需要と供給でもっぱら決まります。

需給ギャップが日本経済回復の足かせに

さて、この数十年、日本の経済はなかなかうまくいっていません。景気の悪い状態が続いて、働く人の給料もなかなか上がらない状態が続いていますね。どうしてなんでしょうか？　その説明でよく出てくるのが**「需給ギャップ」**というマクロ経済学の用語です。これは、需要と供給の間に差があるという意味ですね。日本という国全体の経済をみるときに、企業はたくさんモノをつくれるだけの設備を持ち、従業員を雇っていて供給力があるにもかかわらず、モノが欲しいという人が少ない、つまり、需要が少ない場合には、需給ギャップはマイナスになります。マイナス幅が大きいほど、モノが売れないモノ余りの状態となって、工場の生産ラインは遊んでいる状態になる。たくさんの従業員はいらないから、やめてもらおうということになって、失業者が増えて、景気が悪くなっていく。供給超なら物価が下がりやすく、需要超なら物価上昇につながりやすいのです。

需給ギャップ
供給力と
実際の需要の差

バブル崩壊以降の日本経済回復の遅れは、バブル期に企業が供給を増やしすぎたことによる需給ギャップが縮まらないことが大きな要因の一つと言われる。

日本銀行や内閣府が四半期ごとの需給ギャップの推計データを公表していて、今世紀に入ってからも、かなりの間、マイナスの状態が続いています。日銀が2023年4月に発表した推計では、2022年10～12月期の「需給ギャップ」はマイナス0・43％で、11期連続でマイナスでした。日本経済は全体として、需要不足の状態がずっと続いている。これが経済がうまくいっていない大きな理由の一つなんですね。

この国全体の需要を増やす、あるいは供給を減らすことによって、需給がぴったりと一致すると、経済がうまく回っていく状態になります。では、日本国全体の経済をどうするかということを、今度は政府が考えることになります。需要を増やすため、あるいは供給を減らすためにはどういう政策をとったらいいのか。これについては、たとえば需要を増

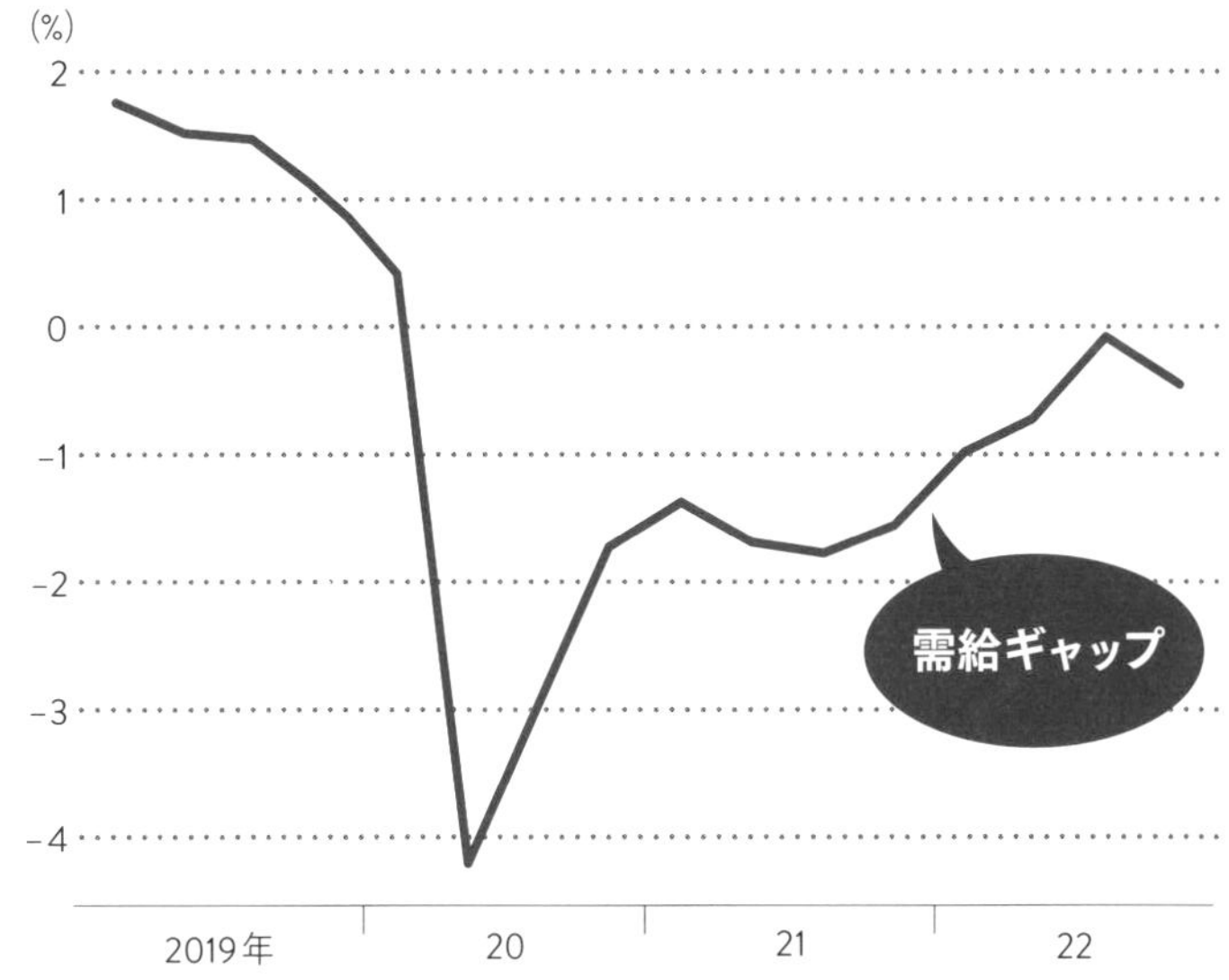

景気が悪いと紳士服は売れない?

景気が悪くなると真っ先に売れなくなるのは、お父さんの紳士用スーツです。お母さんに「お父さん、給料減ったんでしょう?」なんて言われて、スーツの新調を我慢させられたりします。反対に、景気が悪くなっても子ども服などの売り上げはあまり落ちません。みんな我が子はかわいいですから、子どもの出費の節約はしないのでしょうね。逆に言えば、子ども服が売れなくなったら、不況は深刻だということになりますね。

やすために政府がお金を出して公共事業をする。仮に新しく道路をつくることになれば、そこで働く人たちが雇われますよね。その人たちが給料をもらえば、それでいろいろな買い物をするようになるでしょう。それによって需要を増やすというやり方が一つあります。

もう一つ、供給を減らすというのは、企業が生産活動を減らしていくことになります。企業が工場を閉鎖する、あるいは生産量を減らすときに、国が補助金を出す、あるいは従業員にやめてもらう場合、その人たちの就職支援や生活保障をする。このように国がいろいろな政策をとることによって、需給ギャップを少しでも縮めていこう、それによって経済を何とかしていこうという考え方があります。

景気の「気」は気分の「気」

この30年、世の中の景気が悪いと言われ続けていますが、そもそも景気が悪いってどういうことでしょうか。

たとえば給料が上がったりすると、ようし、買い物に行こうとか、豪華に食事しようとか、たまには〝回らない寿司屋〟に行こうと思ったりしますね。そこには「気分」というものが入っています。景気の「気」は気分の「気」でもあるのです。

反対に、今年はボーナスが減るとか、残業がなくなりましたということになれば、気持ちが暗くなるでしょう。気持ちが暗くなれば、あまりものを買おうと思わなくなり、なるべく切り詰めようという気持ちになって、消費を減らしていく。

みんながものを買わなくなると、ますますものが売れなくなっていく。「景気は気から」という部分はたしかにあるんですね。たとえば、いまの政権のもとでは景気はよくならないだろうとみんなが思ってしまえば、やっぱり景気はなかなかよくならない。でも、なかなかいい経済政策だなとみんなが思うようになると、景気自体も少し

ずつよくなってくる可能性があるのです。

「日経平均株価が大きく上がりました、3万円台を回復しました」なんて言うと、おっ、これから景気がよくなるかもしれないなという気分になる。今日はちょっと奮発して中ジョッキの生をもう1杯飲もうかとなったりする。それだけでも消費がちょっと伸びますよね。反対に、日経平均株価が2万円を割り込みましたということになると、いやあ、飲んでる場合じゃないだろう、まっすぐ帰ろうということになって消費が落ち込んだりする。景気というのは、かなりの部分でこういう「気」によって左右されるというところがあります。

景気動向指数のいろいろ

世の中の景気、私たちの暮らしがどうなっていくのかを見るための経済指標、経済データというものがあります。あなたが新聞やテレビで目にする経済ニュースに出てくる統計の数字、データですね。これに注目していくと、景気がどうなるのか、経済全体がどう動いていくのか、様子がつかめてきます。

いろんな指標を国や自治体、企業が定期的につくって公表していて、経済全体の動き、景気がよくなるのか、悪くなるのかを見るマクロの指標としては、「国内総生産（GDP）」と**「景気動向指数」**の2つがとても大事です。GDPについては、あとで

内閣府が毎月発表する、景気状況の総合的な判断指標。

景気動向指数

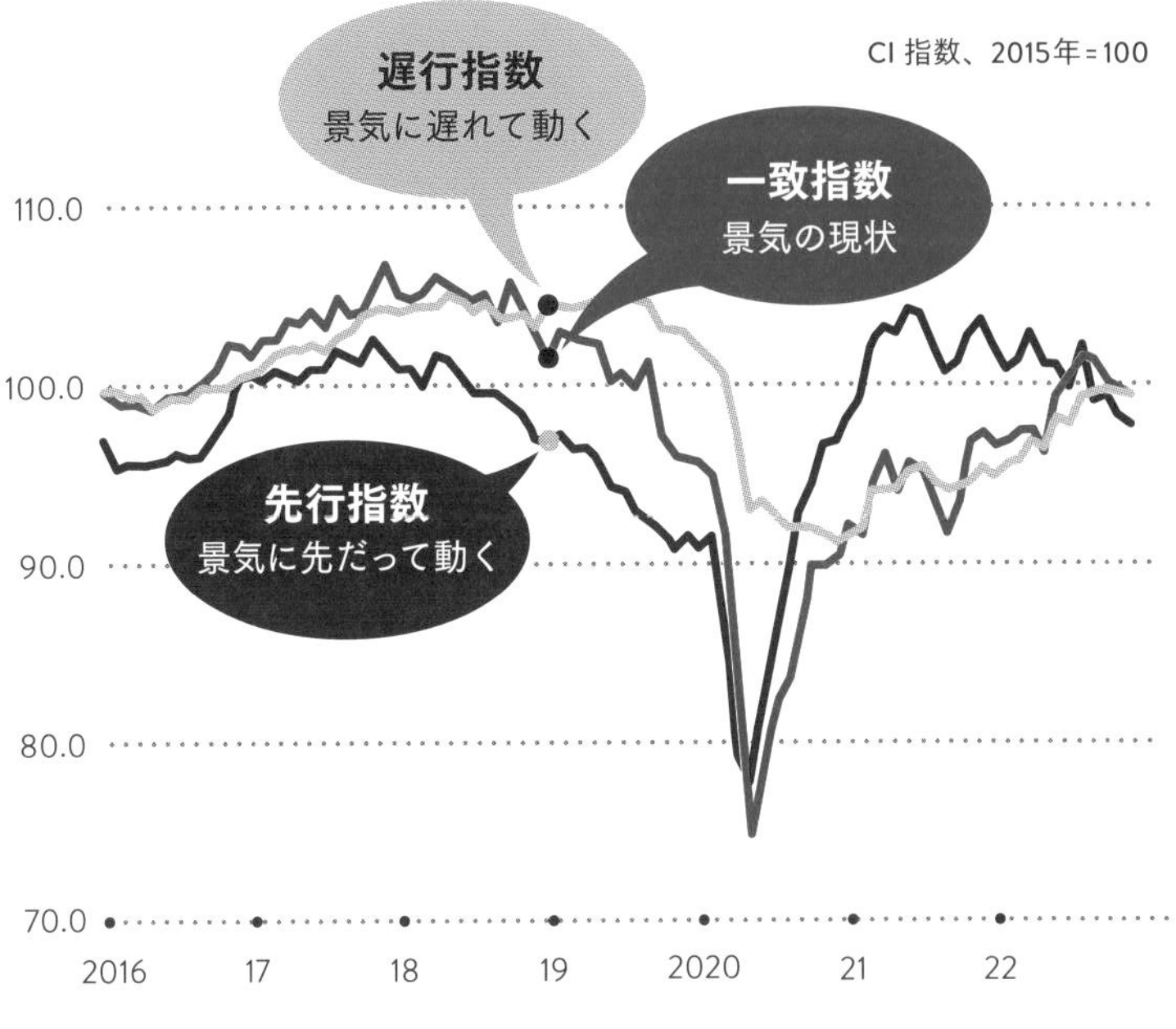

内閣府「景気動向指数」【令和4（2022）年12月分（速報）】をもとに作成

先行指数（全11項目）

・新規求人数　・新設住宅着工床面積
・実質機械受注　・東証株価指数　など

一致指数（全10項目）

・商業販売額　・有効求人倍率　など

遅行指数（全9項目）

・家計消費支出　・法人税収入
・完全失業率　など

説明しますが、まずは、いまの景気がどうなっているのかを追跡している指標「景気動向指数」について見ておきましょう。

この指標は内閣府が毎月、発表しています。生産活動や雇用など景気に敏感に反応する30系列の経済指標を集め、これを複雑な統計的手法を使って合成して数字をはじきだしています。その変化をみると、景気がどのくらいの強さでよくなっているのか、あるいは悪化しているのかが見えてくるし、将来どうなるのかもある程度、見通しが立つと考えられています。基準年（現在は２０１５年）の１００と比べた指数が前月からどう変化したかを示す「コンポジット・インデックス（ＣＩ）」の数字で発表されます。たとえば、内閣府の発表では「2月のＣＩは一致指数が99・2で、前月と比べて2・8ポイント上昇し、6か月ぶりの上昇となった」といった説明をします。

いま、「一致指数」という言葉が出てきました。「景気動向指数」は「先行指数」「一致指数」「遅行指数」の3つの指標からできているのです。「先行指数」は、景気に先行して動く実質機械受注など11の指標、「一致指数」は商業販売額や鉱工業用生産財出荷指数など10の指標、「遅行指数」は完全失業率など9の指標を集めて、これを合成してつくっています。いまの景気はどうなっているのか。現状を知ることが重要なので、政府は、「一致指数」を柱に発表しています。

さて、指数それぞれの性質と構成する指標の中身をみてみましょう。まず「**先行指数**」では、景気の動きを先読みします。これが上向いてくると、これから景気がよくなるんじゃないか、逆に下がってくると、どうも景気が悪くなるんじゃないかと、景気に先だって見えてくるものです。たとえば「新規求人数」。新しく採用したいという人の数が増えてくるということは何を意味するかというと、その会社が事業を拡大しようと考えているわけですよね。新しい仕事を始めたい、ついては人が足りなくなるから新しい人を採用する。新規求人数が増えてくると、これから景気がよくなってくるのかな、ということがある程度わかります。

それから「新設住宅着工床面積」。新しく住宅が着工されれば、そこで働く人の仕事が増えてくる。原材料もたくさん売れるようになる。個人の住宅であれば新しい家具が売れるようになる。これから景気がよくなってくるんじゃないかなと予想できますね。「東証株価指数」も、これから景気がよくなると考える人が増えると上昇します。このように、「先行指数」では、こういうものが増えてきたらこれから景気がよくなるんじゃないかな、あるいは景気が悪くなるんじゃないかなということをある程度見通すことができます。

そして、「**一致指数**」です。まさに景気がいいときには上がっているし、悪いときには下がっていると考えられています。たとえば、この指数を構成している「鉱工業生産財出荷指数」。工場での金属製品や電気機械などの生産が増えてくれば、この数字が上がり、景気がいいということがわかります。また、「有効求人倍率」は職を求めている人一人当たりの求人数を示しています。企業は生産活動が活発になって、人手が足りなくなると採用を増やします。つまり、景気がよくなると、この比率が上がってくるのです。それから「商業販売額」。景気がいいとデパートの売り上げも増えますよね。

そして「**遅行指数**」。景気の動きにちょっと遅れてくるんですね。たとえば「家計消費支出」。給料が下がったからといって、いきなり家計の支出を減らすということはできませんよね。

そして「完全失業率」。これは、労働力人口に占める完全失業者の割合です。

労働力人口は、満15歳以上の人口から学生や病弱者、働く意思を持たない人を除いた人口のことです。**完全失業者**とは、労働力人口のうち、現在は仕事をしていないけれども仕事を探していて、仕事があればすぐに就くことができる人のこと

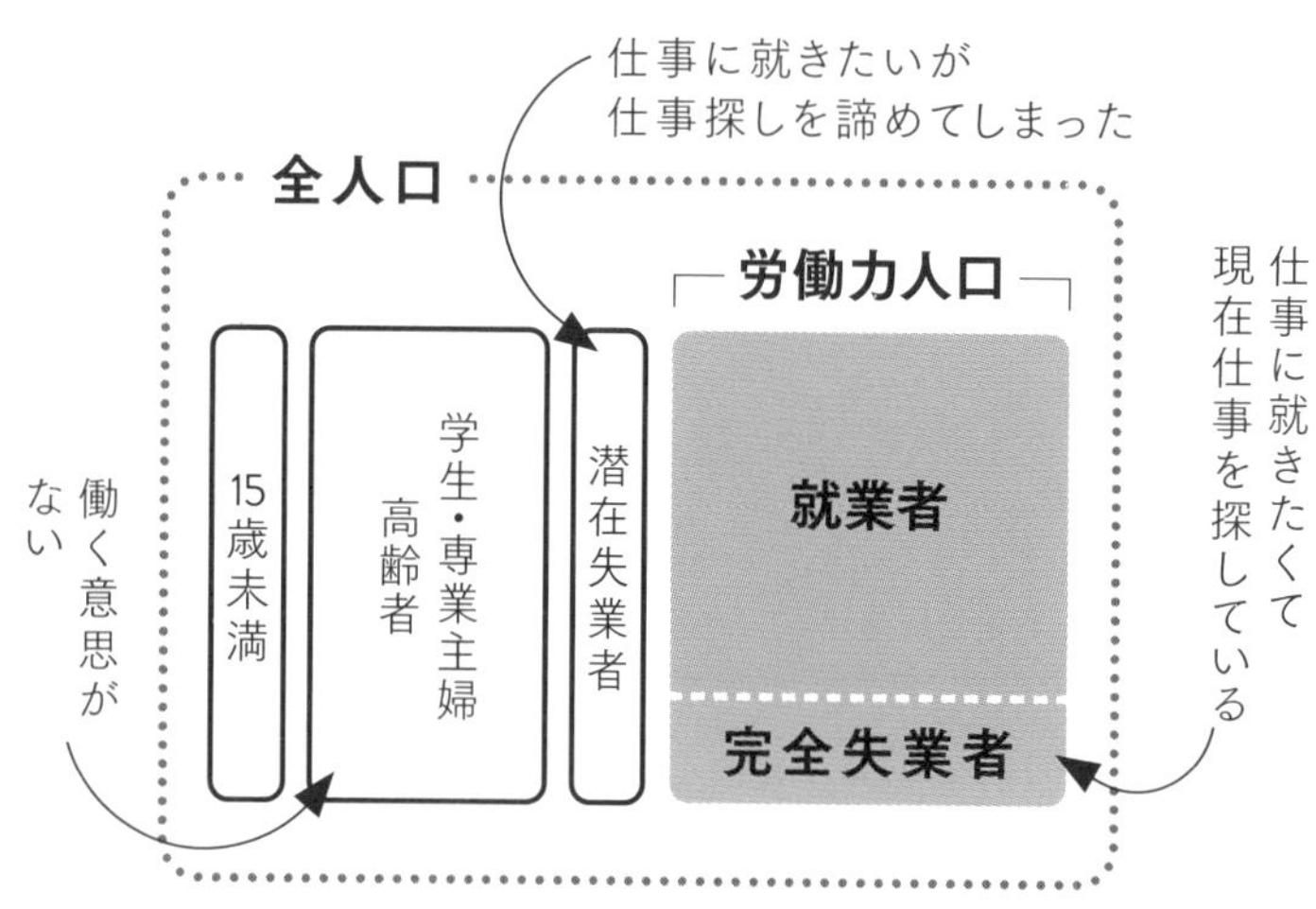

$$\text{完全失業率} = \frac{\text{完全失業者}}{\text{労働力人口}} \times 100\ (\%)$$

です。労働力人口全体の中の完全失業者の比率、これが完全失業率になります。

たとえば、景気が悪くなり始めて、ある家族の大黒柱のお父さんが仕事を失ってしまった。お父さんが仕事を探し始めると、お父さんが失業者になります。さらに専業主婦だったお母さんが仕事を探し始めた瞬間、お母さんも失業者の仲間入り。のんべんだらりと遊んでいた息子たちも仕事を探し始めたとたんに失業者の仲間入りをします。このように、景気が悪くなってくると失業者の数がだんだん増えてくるということがありますね。

また、景気が悪い状態がずっと続いていると、あるとき失業率が下がることがあります。いくら仕事を探しても仕事が見つからないからと仕事探しを諦めた瞬間、その人は完全失業者ではなくなるからです。そうすると、表向きは失業率が下がったから景気がいいと見えるかもしれませんが、実は仕事探しを諦めるという、景気が深刻になったことによって失業率が下がったという現象も起こり得るのです。

反対に、景気がよくなり始めて、お父さんの働き口が見つかった。でもお母さんも息子もまだ仕事を探しているときには、失業率はそれほど下がりません。しかし、どんどん景気がよくなってくれば、お母さんや息子も仕事を見つけられます。あるいは、お父さんが失業する心配がなくなった、もう大丈夫だよとなって、お母さんが仕事探しをやめ専業主婦に戻り、息子たちも仕事探しをやめれば、完全失業者から抜けるわけですから、失業率は下がっていくということなんですね。このように完全失業率の

現在仕事をしていないが求職活動をしており、見つかればすぐ仕事に就くことができる人のこと。求職活動をやめてしまった人はこれに含まれず、潜在失業者と呼ばれる。

動きは、景気がよくなったり悪くなったりしてからしばらくして遅れて出てきます。こうやって景気というのを見ていくことになります。

中国は日本より豊かになったのか——ＧＤＰって何？

景気の動きを見るときに、もう一つ重要な指標として使われるのが**「経済成長率」**です。ニュースなどでも、国内総生産**（ＧＤＰ）**という言葉はよく聞きますよね。国内で生産されたものの合計の金額ですね。この動きを見ていくと、景気がよくなったり、停滞したり、再び回復の過程をたどり始めた様子がわかると考えられています。日本は２０１０年に中国にＧＤＰで抜かれてしまって、大きなニュースにもなりました。経済成長率とは、ＧＤＰの伸び率のことです。昔はＧＤＰでなくＧＮＰが使われていました。Ｎはナショナルですね。これは国民総生産。ところがいまはＧＤＰというものを使っています。Ｄはドメスティックです。これは国内総生産。さらに最近は、このＧＤＰを国民の所得という観点から見て**ＧＮＩ（国民総所得）**という数字を使うようにもなっています。

なぜＧＤＰが使われるようになったのか。かつてほとんどの日本企業は、国内で生産活動をしていました。だから日本企業や日本人が稼いだものを計算していれば、それが国全体の豊かさと同じだということで、ＧＮＰが使われていました。

GDP
国内総生産

一定期間に国内で生産された、もの・サービスの付加価値の合計額。

経済成長率
GDP の前年比伸び率

一国の経済規模が年間及び四半期にどれだけ増減したかを示す割合。通常はＧＤＰの増加率。

ところが日本の企業はどんどん海外に進出し、トヨタや日産やホンダがアメリカで自動車をつくるようになる。ソニーあるいはパナソニックにしても海外で生産するようになってくる。そうなると、日本企業の生産全部をそのまま計算していると、日本企業の外国工場で働いている外国人の生産が、日本国内の生産として計算されてしまう。これはおかしいですよね。

その一方で、海外の企業が日本に進出してきて、日本でいろいろなものを生産する。そこで日本人が雇用される。海外の企業で働いていても、日本人の生産です。だから国内で生産されているものを計算しようということになりました。こうして、現在はＧＤＰが国の経済の豊かさを示すものとして使われています。

日本のＧＤＰが中国に抜かれて10年以上が経ちました。国全体としてのＧＤＰは、いまや中国が日本の3倍以上に拡大していて、圧倒的に大きくなりました。しかし、中国の統計がどの程度、実態を反映しているのかという問題があります。さらに人口減少が始まっていて成長が鈍るとの見方も出てきています。また、1人当たりの名目ＧＮＩでみると、日本は中国の3倍以上で、日本のほうが豊かな状況なんですね。

日・中・米のGDPと経済見通し（2021年）

	名目GDP	1人当たり名目GNI	実質GDP成長率
日本	49,409億ドル	42,650ドル	2.1%
中国	177,341億ドル	11,880ドル	8.4%
アメリカ	233,151億ドル	70,930ドル	5.9%

※ GNIとは国民総所得のこと　　外務省「主要経済指標」を元に作成

経済が成長しても景気が悪い？

経済成長率は、前年に比べて今年のＧＤＰがどれくらい増減したのかを見るものです。これは急激に経済が成長する開発途上国と、日本のようにある程度成熟した国では、ずいぶん数字が違います。国が小さくて伸び盛りのときには経済成長率は非常に高くなりますが、日本のようにＧＤＰがある程度大きくなってからは、経済成長率は徐々に落ちていきます。

ちなみに、日本は、１９５０年代の後半から70年代初頭までの約15年間、年平均10％を超える高成長を続けました。だんだんと成長のスピードが鈍化し、いまでは２％程度の低成長国になっています。80年代から10％成長が続いた中国も、２０１０年代に入ると、次第に減速して６、７％台に低下し、政権が掲げる成長目標も６％台から５％台へと下がってきています。

前の年に比べてＧＤＰが落ちたとき、つまり経済成長率がマイナスになったときに景気が悪いと言われます。ところが、前の年より経済が成長していても、景気が悪いと言われることがあります。国の経済に潜在的にどのくらいの成長力があるのかを見るものに、**潜在成長率**というものがあります。前年より経済成長をしていても、潜在成長率に達していないときは景気が悪いという考え方をします。日本はこのところ景

潜在成長率

企業が、持っている労働力や設備をフル稼働させて達成できる経済成長率のこと。日本は１９８０年代には３〜４％あったが、バブル崩壊後２％前後に低下。近年は１％以下で推移している。

気が悪いという状態が長く続いていますよね。でも30年前と比べて、日本の経済ははるかに成長しています。ではなぜ、景気が悪いと言われているのか。それは、学者によっても違いますが、日本の潜在成長率はここ10年ほど年々低下しており、22年には前年比で0・2〜0・3%の状態が続いています。この潜在成長率より経済が発展していない、十分に力を活かしていないのではないか、こういう場合にも景気が悪いという言い方をされるんですね。

たとえば100メートルを9秒で走る選手が、調子が悪くて10秒かかって走った場合、これは非常に成績が悪いですよね。私たちから見れば100メートルを10秒で走ることができればすごい能力を持っているんですが、その選手にとっては不調だったということになります。これと同じように、景気が悪いと言っても、それぞれの国のレベルによってずいぶん違うということです。ですから、不景気だからと言って前の年よりも経済成長率が落ち込んでいるとは限らないのです。

付加価値の合計がGDP

では、GDPはどうやって計算するのか。これは**付加価値**を合計して計算します。たとえば自動車を生産するとします。まず製鉄所が鉄をつくる材料を60万円で買いました。それを自動車用の鉄に加工しました。それをメーカーに100万円で売ります。

付加価値
企業が、ものやサービスの生産活動を行う過程で、新たにつくり出した価値のこと。一国のGDPは国内で新たに生み出された付加価値の総額を意味する。

製鉄所は40万円の新しい価値をつけたことになりますね。これが付加価値です。メーカーはこの100万円の原材料を組み立てて150万円の自動車にして、ディーラーに売ります。メーカーは50万円の付加価値をつけました。今度はディーラーが150万円で仕入れたものを、自動車展示場をつくったりして、お客さんに200万円で売る。ディーラーは新たに50万円の価値をつけたということになりますね。この付加価値を合計したものがGDP、その国の富ということになります。新たな付加価値を足していくと、結果的に消費者に売れた200万の自動車のうちの140万円分が、この流れの全体の中でつけ加えられた付加価値と同額というわけです。このようにして、日本国内で売れたあらゆる商品、あるいはサービスを金額にして合計したもの、これがGDPということになります。

付加価値のしくみ

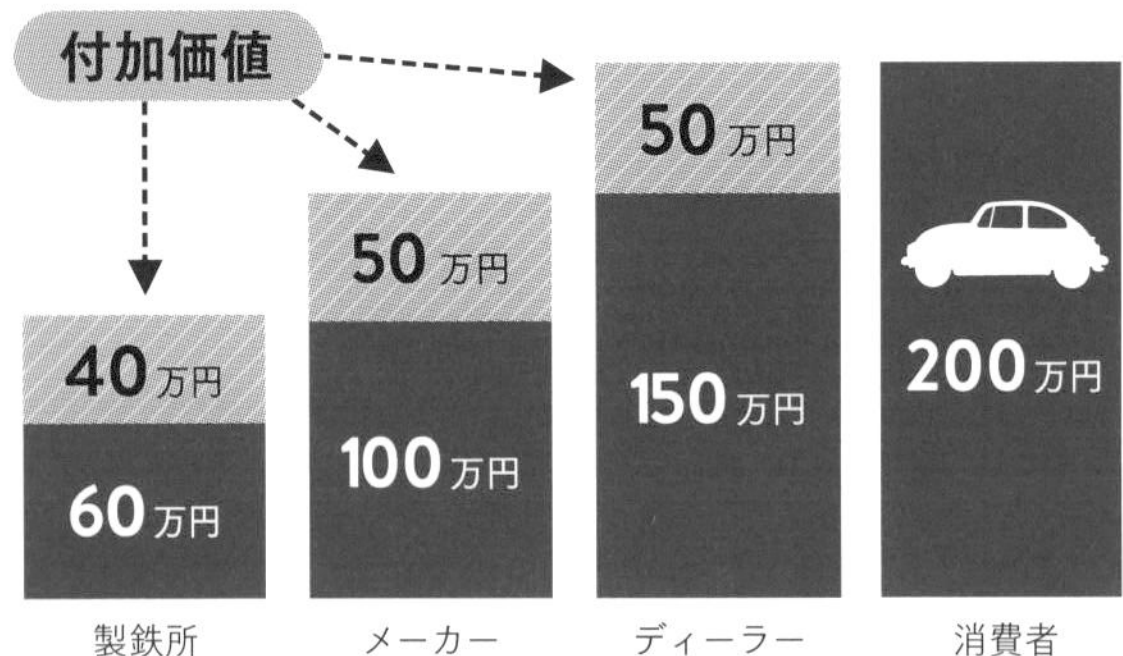

200万円の自動車には140万円の付加価値がついている

私たちはよく商品とかサービスとかいう言い方をしますね。具体的に言うと、携帯電話であったりラーメンや牛丼であったり、これが商品です。サービスというのは何かというと、たとえばあなたが美容院に行ってヘアカットしてもらったときにお金を払うでしょう。これがサービス料金です。何か商品を受け取るわけではないけれども、カットしてもらうというサービスを受けている。あるいは電車に乗って運賃を払いますね。実際に商品をもらったわけではないですが、ある場所からある場所に行くことができた、これがサービスというものです。商品を買ったりサービスを受けてお金を払ったりした、そういうものを金額として合計していったもの、これがGDPということになります。

でも、本当にこれだけでその国の豊かさがわかるのか、実はいろいろと問題があるわけです。人間の本当の幸せって人によって違いますよね。お金がなくても幸せだという人はいくらでもいる。豊かさとは非常に抽象的であり、幸せというものを測ることはなかなかできない。でも、貧しいよりは豊かなほうがきっと幸せな人の比率は高いだろうということで、便宜的にGDPを豊かさの指標として使っているんです。でも個別に見れば、GDPが高い国に住んでいるから幸せだとは必ずしも言えない。GDPが低い国に住んでいても幸せな人もたくさんいるということなんですね。以前話題になったブータンなどがそれです。GDPは、あくまで一般的な傾向を見るものなのです。

金は天下の回りもの
——あなたの買い物が世の中を変える

あなたが、たとえばコンビニエンスストアで何かものを買ったとします。コンビニで売り上げがあがったことによって、コンビニで働いている店員にアルバイト料が支払われます。そのコンビニの店員が、そのアルバイト料でまたどこかで何か新しいものを買います。ものが売れます。そうするとそのメーカーで働いている人にお金が入る。こうやってお金がぐるぐる回っていくわけですね。金は天下の回りもの。あなたは、そのお金をぐるぐる回す一人の消費者であり、あるいはアルバイトで働くことによってお金を回すということになります。このお金がスムーズに流れなければ経済は悪くなっていきますし、このお金

金は天下の回りもの

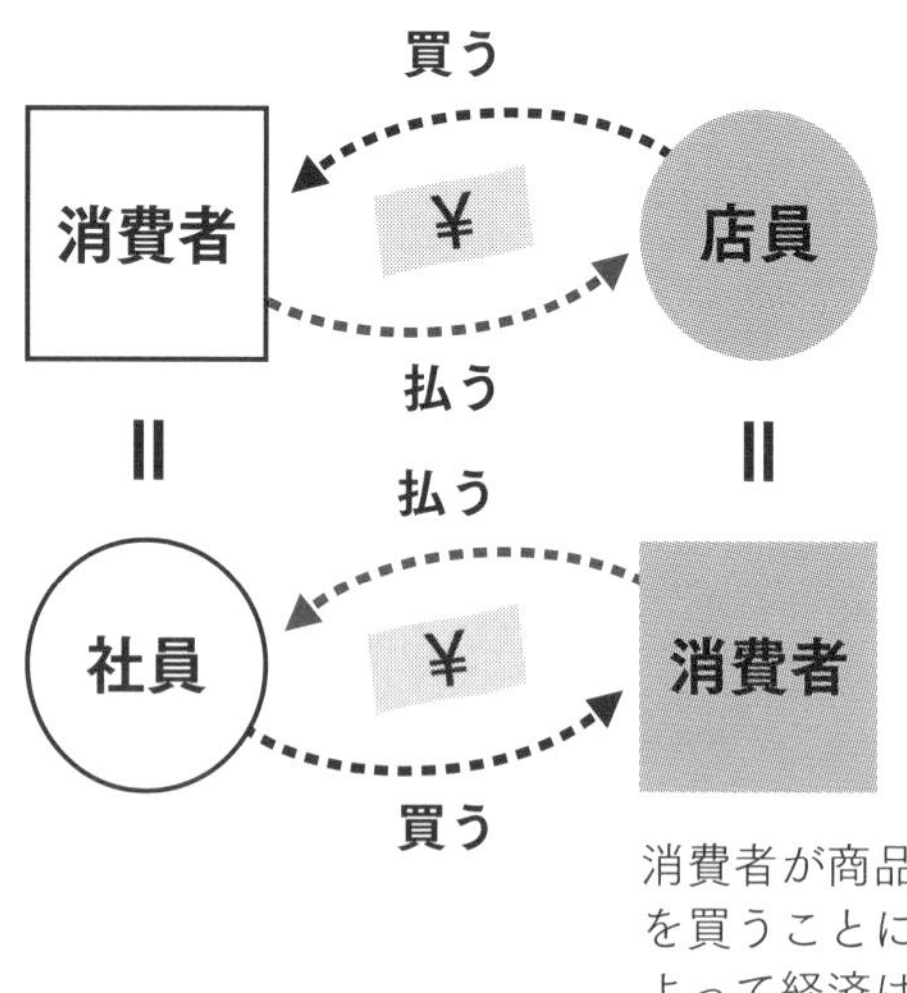

消費者が商品を買うことによって経済は回っていく

がぐるぐる回っていけば経済は豊かになっていくのです。

また、**商品を買うということは、企業に投票するという投票行動**でもあるわけです。あなたは何を買おうか、いつも無意識のうちに選んでいますよね。先ほど言ったように選択をしています。そのときにぜひ考えてほしいのは、あなたがある商品を買う、その商品を買うことによってそのメーカーにはお金が入り、そのメーカーが発展していくということです。よい商品をあなたが買うということをぜひとも考えてほしいということです。どうせお金を使うのであれば、無駄遣いするのではなく、よい商品を選んで買ってください。そうすれば、よい商品をつくっている企業が世の中に生き残っていきます。安いけれども粗悪な品物ばかりつくっている企業の商品を買わないようにすれば、その企業はやがて自然淘汰されていき、潰れていきます。それによって、世の中で粗悪品が少しずつ姿を消していくことになるのです。

私たちは選挙に行って政治家を選ぶという投票行動をするときには、何とかして少しでもよい政治家を選ぼうとして投票する。同じように買い物をするとき、これはよいものだなと思うものを買う。言ってみればよい商品をつくっている会社を応援するわけですね。あなたの消費行動、買い物行動は、買い物を通じてよい商品をつくっている企業に投票することなんだ、こういう意識を持ってこれからの経済活動をしてもらえればなと思います。

経済学を学ぶ4つのポイント

経済学を学ぶ際には4つのポイントを身につけることが大切です。まず「世の中を分析する力」です。お金の動きや取引のしくみなど、現実の世の中を知る力のことです。次に「課題を見つける力」です。日本は豊かな国になりましたが、最近は格差や子どもの貧困といった問題点が指摘されるようになりました。

そして「課題の解決へ提案する力」。経済や社会が直面する課題を考え、学問的に解決する方法を打ち立てることが必要です。そもそも経済学はお金持ちになるための学問ではありません。最後は「人間を知る力」。たとえば「なぜこの商品が売れるのか」「消費者を効率的に誘導する陳列方法には法則があるか」など、経済学は従来の理論だけでなく、最近は人間の心理や欲も対象に分析する学問でもあるのです。

商品を買う＝企業に投票する

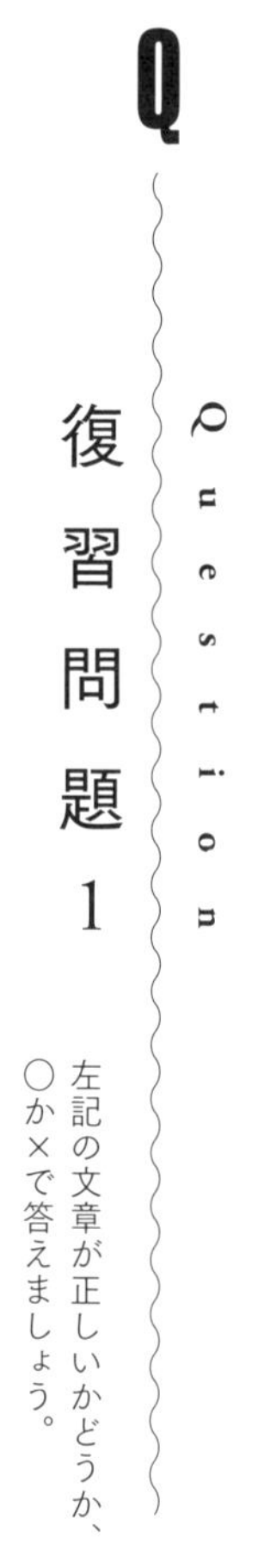

復習問題1

左記の文章が正しいかどうか、○か×で答えましょう。

第1問 あなたがつくった芸術作品を欲しいという人が大勢あらわれた。これは供給が増えたことになる。

第2問 人気バンドの演奏を聴きに、東京へ行ってきた。この場合の機会費用は、コンサート代金と往復の交通費である。

第3問 GDPとは、国民総生産という意味である。

第4問 「景気が悪い」ということは、前年より国民の富が減ったことを意味する。

第5問 景気動向指数のもととなる項目に入らないものは、次のうち**1**である。
1 企業の景況感　**2** 実質機械受注　**3** 完全失業率

＊答えは256ページにあります

Chapter.2

お金はなぜお金なのか
──貨幣の誕生

Chapter.2は、ズバリ「お金」です。
そもそもお金という概念は、どうやって誕生したのでしょうか?
紙のお札が使われるようになった、その歴史を
たどっていきます。そして、世の中でお金を回すために
重要な役割を担う銀行。その機能や収益のしくみなど、
金融についても学びます。

POINT

「銀行」は
何をしているのか？

— 1 —

お金の起源は塩や貝で、
物々交換に使われていた。

— 2 —

銀行の2つの大きな役割は、
「紙幣の発行」とお金を貸す「融資」である。

— 3 —

銀行が破綻しないように、
中央銀行（日本では日本銀行）が存在している。

お金がお金である理由は？

最初の講義では、経済というのは、お金が世の中を回っていることだという話をしました。今度は、そもそもお金って何だろうかということを考えていきましょう。

ここに1万円札があります。1万円と書いてありますね。どこへ行ってもこの1万円札を出せば、1万円の買い物ができます。でも、これはなぜお金なんでしょうか。皆さんに質問しましょう。このお金はなぜお金なのか。なぜ、みんながこれをお金だと思っているのでしょうか。

学生A　国民みんなが国のことを信頼しているから。これが1万円だと定めている国のことを信頼しているから。

わかりました。国がこれを1万円だよと言っているから、その国を信頼しているからそれは1万円だということですね。ほぼ正解です。さらに言いますと、**お金というのは、みんながお金だと思っているからお金なんです。**これは論理的におかしいですよね。論理学でいうとトートロジー（同語反復）と言って、全然説明になっていないことになります。

お金というのは**共同幻想**なんです。世界でいちばん通用するのはアメリカのドルです。それは世界中どこへ行ってもこれはアメリカのドルだな、いろいろなところで使えるなとみんなが思っていて、ドルで受け取ってもいいという人がたくさんいるからなんです。たとえば私はソマリアの新しいお札を持っていますが、使えません。ソマリアという国は内戦が続いていて、長らく政府が機能していなかった。そんな国で発行されたお札は、国民すら信用していない。それはただの紙切れになってしまうわけです。国家がきちんと成立していてお金ですよという保証をしてくれている、だから私たちもそれをお金だと思っている、そこでお金はお金として通用するということになります。お金というのは共同幻想。私たちがお金だと思っているからそれはお金であるという、非常に不思議なものなわけです。では、どのようにしてただの紙切れをお金として意識し、使うようになったのか。その歴史を見てみましょう。

市（いち）の成立とお金の始まり

大昔、私たちは必要なものを物々交換をして手に入れていました。山で獣の肉を獲る人がいる。でもいつも肉ばかり食べていたのでは飽きてしまう。たまには魚も食べたいなと思う。一方で漁師はいつも魚ばかり食べている。たまには肉が食べたいなと思う。この人たちが**物々交換**をします。ところがこの物々交換を成立させるのは、け

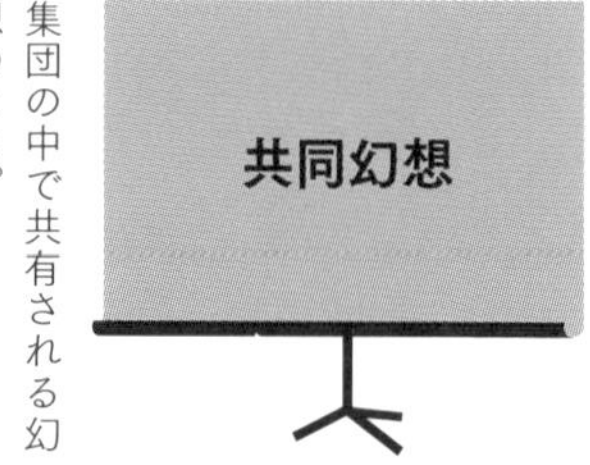

集団の中で共有される幻想のこと。

っこう難しい。魚を持っているけど肉を食べたいという人と、肉を持っているけど魚を食べたいという人がどこかで出会わなければ成り立たない。交換してくれる人を自分で探さなくてはなりません。

　そこで、物々交換をしたい人たちが広場に集まるようになりました。みんなで集まれば、物々交換をする相手が見つけやすくなるわけです。こうして**市（いち）**が成立しました。四日市、五日市、八日市、廿日市など、いまも全国の地名として残っていますよね。毎月4の付く日（4日・14日・24日）に開いていた場所が四日市という地名になったんですね。

　ところが肉や魚は持ち歩いていると腐ってしまいます。とりあえず交換するのに便利でみんなが欲しがるものに換えてしまおうということになりました。古代日本では稲の栽培技術が中国大陸から伝わり、稲作が始まりま

した。稲からお米ができますから、みんなが稲を欲しがります。そこで、肉や魚を一定量の稲と換えて、その稲をほかのものと換えることができるようにしました。稲というのは昔は「ネ」と呼ばれていました。それぞれのものをどれだけの「ネ」と換えることができるかと言っているうちに、これが「値段」の「値」、「値打ち」の「値」になったと考えられています。稲が物々交換の仲立ちに使われていたということが、いまの日本語に残っているんですね。

稲だけではありません。服になる布地もそうです。お札のことを**紙幣**と言いますよね。「幣」というのは布のことです。神前に供える布や贈り物以外に、物々交換の媒介としても使われていたということが、現在の言葉に残っています。このように物々交換ではなく、みんなが欲しがるものにとりあえず換えておこうと、それぞれの国でいろいろなものが使われました。

中国では「**子安貝**」という大変きれいな貝がお金として使われました。私たちが現在も使っているお金に関する漢字には、みんな貝という字が入っています。これでわかりますね。買い物の「買」、貴重品の「貴」、貯金の「貯」、財産の「財」、資本の「資」、「貧しい」は、貝をどんどん分けていくと貧しくなるということですね。中国では貝をお金として使っていたということが、現在でも漢字に証拠として残っているんですね。

●子安貝
大きさが揃っていて強度があったので、古代中国では貨幣として使われていた。

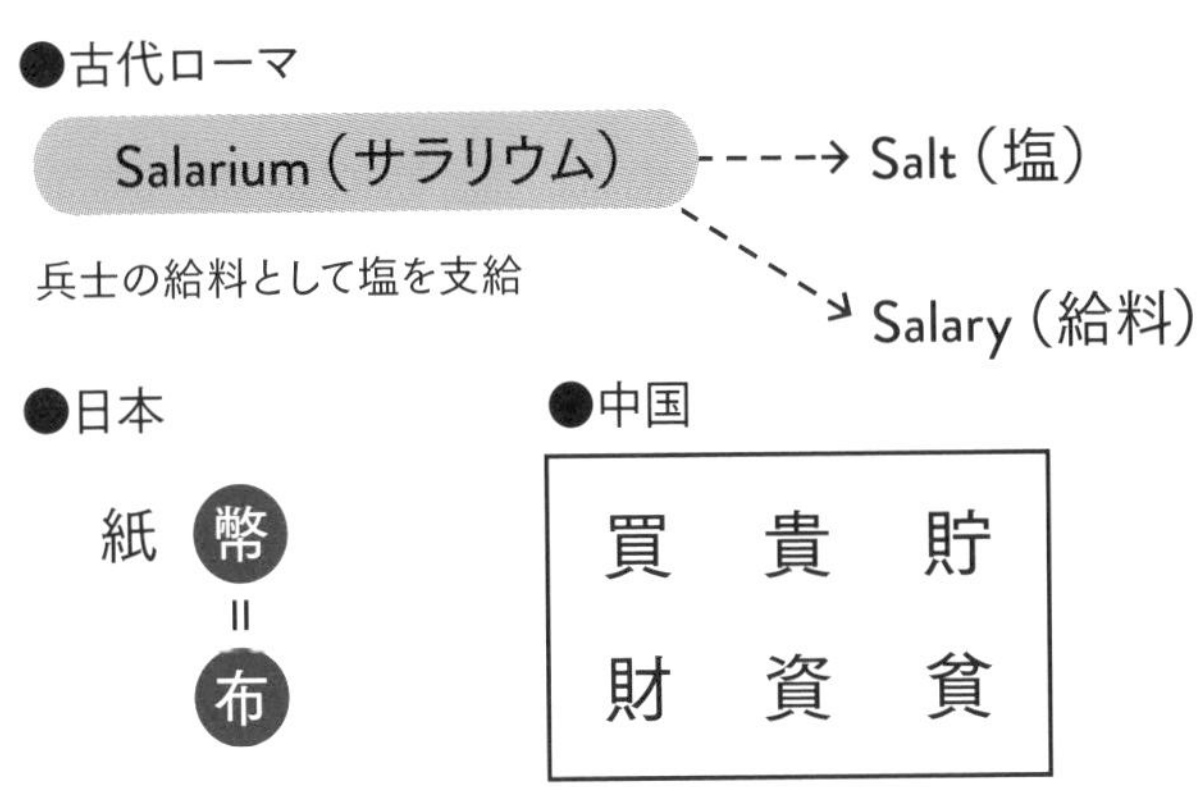

古代ローマでは、兵士の給料として塩が支給されていました。当時、塩は大変な貴重品でした。その塩でいろいろなものと交換できた。古代ローマでは塩のことをラテン語で「サラリウム」と呼んでいました。サラリウムからサラリーという英語の給料という言葉が生まれたんですね。英語のソルト（塩）とサラリー（給料）は、語源が同じなんですね。

このように、昔何がお金として使われていたかが、現在も言葉にさまざまなかたちで残っていることがわかります。

金属貨幣の誕生と両替商のしくみ

このように、稲や布、貝や塩などがお金の代わりに物々交換の仲立ちとして使われていたわけですが、稲はあまり長持ちしません。布だって汚れてしまったり破れてしまったりする。貝の場合、大量にとれてしまったらお金があふれてしまうということになります。そこで、長く保管できて、あまりたくさんとれるものではないものということで金、銀、銅が使われるようになります。

金、銀、銅は、いずれも加工しやすい。溶かして、大きさや重さも変えられます。わずかな技術であっても簡単に金貨や銀貨をつくることができます。でも不思議ですよね。金、銀、銅だって単なる金属でしかありません。それでもみんなが欲しがるようになればそれはお金になります。このようにして、金貨、銀貨、銅貨がお金として使われるようになりました。世界中どこでも金、銀、銅が尊重されますが、銀や銅は古くなると黒くなったり錆びてきたりしてだんだん汚れてしまいます。でも、金というのは常にピカピカです。となるとやっぱり金がいちばんいいんだなということになります。

やがて経済がだんだん発達して商売が広範囲に行われるようになると、金属硬貨でも不便なことが起きるようになります。それは大量にものを売買する場合、貨幣で支払いをするには金貨を大量に持ち歩かなければならないということです。江戸と大坂（当時）で取引をする場合は、運んでいる途中に奪われてしまうかもしれないという問題が起きます。そこで登場するのが、**「両替商」**という人たちです。金貨をたくさん持ち歩かないで済むようにしたいと考える人も出てきます。

江戸時代に、金（貨）を預かり、預り証を発行した。銀行のような役目を果たした。

まず、金（貨）を両替商に預けます。そうすると、両替商は「**預り証**」を出してくれます。もちろん両替商に預り賃（手数料）を払わなければなりませんが、蔵で金を安全に保管してくれます。そしてその預り証を両替商へ持っていけば、誰でもいつでも金と換えてもらえます。売買をするときに売り主は大量の金貨を受け取る代わりに預り証を受け取れば済みます。これで心配しながら大量の金貨を持ち歩く必要はなくなるわけです。

次に自分が誰かにお金を払うことになれば、わざわざ預り証を金貨に換えなくても、**その預り証をそのまま支払いに使えばいい**ことになります。さらにその預り証を誰かがまた別の売買に使うというかたちで、預り証が次々に世の中で出回っていくようになります。**これが紙幣の始まりです**。当たり前のことですが、**最初のうちの紙幣、お札というのは、必ず金と交換できるということが条件になっていました**。必ず金と交換できるからこそ、お金としての意味があったのです。

両替商から銀行へ

明治に入ると、江戸時代あちこちにあった両替商がやがていくつか集まって、銀行になっていきました。日本全国にさまざまな銀行ができます。銀行はもともと両替商が合併したものですから、金をたくさん持っています。そしてそれぞれの銀行が持っ

両替商が集まって
銀行になりました

ている金の量に応じて預り証つまり紙幣を発行していました。

ところが、やがて悪質な銀行も出てきます。金をたくさん持っていないのに、金があるように見せかけてお札を発行すれば、いくらでもお札が発行できるという悪いことを考えます。でもやがて人々に気づかれます。ここのところやけにお札がたくさん出回っているけれど、銀行に持っていって本当に金に換えてくれるのだろうか、不安だからいまのうちに金に換えておこうと、悪質な銀行が出しているお札を金に換えたいという人がどんどん増える。

そうなると、ずるをして持っている金以上のお札を発行していた銀行は困りますよね。最初のうちは応じられても、金庫から金はどんどん減り、やがてお札を金に換えることができなくなります。そういう銀行はやがて潰れてしまいます。こうなると、取り付け騒ぎというのが始まります。ある特定の銀行にお客が殺到する。それを見ていたほかの銀行のお客も不安になり、あちこちの銀行でお客が殺到し、いわゆる金融不安が広がります。

中央銀行の誕生と金本位制度

これはいけない、やっぱり国全体での信用が必要だから、お札を発行できる銀行は1つだけにしよう、ということでできたのが**中央銀行**です。お札を発行することがで

中央銀行
お札を発行することができる唯一の銀行

きる、いちばん大事な銀行を中央銀行と言います。日本は**日本銀行**、アメリカは**FRB**＝連邦準備銀行、中国は中国人民銀行。世界各国、それぞれの中央銀行がお札を発行しています。

日本銀行で発行された昔のお金である日本銀行券には「此券引換ニ金貨拾圓相渡可申候也（このけんひきかえにきんかじゅうえんあいわたすべくもうしそうろうなり）」と書いてあります。この拾圓と書いた券を日本銀行に持っていけば、10円の金貨と交換してあげますよ、というふうに書いてあるのです。

こういうお金のことを**「兌換券」**と言います。お札にも兌換券と書いてあります。

このように、金を基にしてお札が発行され、そのお札を持っていけばいつでも金と換えることができる制度のことを**「金本位制度」**と言います。日本は「金本位制度」になる前に銀も使っていたことがあり、「銀本位制度」というのもありました。「金本位制度」と「銀本位制度」が時代によって使い分けられていたり、国によっては両方が使われていたりしましたが、やがて世界各地が「金本位制度」で統一されます。

金本位制度の終わり

ところが、やがて経済が発展してくると、金本位制度では問題が起きてきました。経済活動が活発になると、それだけたくさんのお札が必要になりますね。先ほど説明

兌換券
だかんけん

1885年（明治18年）に初めて発行された。最初は銀兌換券で、銀に替えることができた。

金本位制度

兌換券をいつでも中央銀行で金に換えてもらえる制度。

したとおり、金本位制度は、銀行が持っている金の量に応じてお札を発行するというやり方ですから、日本銀行の持っている金の量しかお札が発行できない、これでは経済が発展しないということになってきます。それではまずいだろう、経済が発展していくうえで、もう**金の量に関係なくお札を発行できるようにしよう**ということになり、やがてお札の発行は金から切り離されます。日本は1932年（昭和7年）についに金本位制度いわゆる兌換制度ではなくなります。その結果、日本銀行券を持っていっても、金とは換えてもらえなくなります。それがいまのお金です。

　現在使われている1万円には、どこにも金と換えてあげますとは書いてありません。**日本銀行券**としか書いていません。日本銀行が発行した券という、ただの紙でしかないのです。でも、私たちはこれをお金だと思っている。もともとは物々交換のために貝や布を使っていた。やがて金を使うようになった。それはみんなが金をお金として認めていたからです。

　やがて両替商が出てきて預り証を出すようになった。紙の預り証は金と換えられるとみんなが信頼していたから、お札として機能していた。銀行ができて、お札が発行されるようになった。しかし、時代が移り金と換えてもらうことができなくなって、単なる紙になった。でも、みんながこれはお金なんだよ、というふうに共同幻想を抱くようになっているから、これがお金として通用するということですね。つまり日本の政府の信頼があるからこそ、お札として使われているということになります。

●金貨兌換停止に関する緊急勅令
1932年に施行、事実上兌換制度が廃止され、日本の金本位制度は幕を閉じた。

●日本銀行
1882年（明治15年）にヨーロッパの中央銀行をモデルに開業。日本銀行法によって設立された認可法人であり、国有銀行ではない。日本銀行の建物は、上から見ると「円」の形に見えるが、日銀ができたときは「圓」という字を使っていたので、これは偶然。

日本政府の信頼があるから
紙幣はお金として使われている

写真：時事通信フォト／朝日航洋

［補足講義］

2 貨幣と硬貨の違い

実はお金には、日本銀行が発行しているものと日本政府が発行しているものの2種類があります。お札の表面・左上には「日本銀行券」、中央の下には「国立印刷局製造」と書かれています。一方硬貨には表面に「日本国」と書かれています。日本国が発行しているもの、つまり日本の政府が発行しているのです。実際には大阪にある造幣局でつくられています。春には桜の通り抜けで有名ですね。紙幣は中央銀行で発行するけれども、細かいお金もないと不便だから、それは国で発行しましょうということで、発行元が別々になっています。ちなみに500円硬貨1枚をつくるのに43円かかり、差額457円は貨幣発行益として国の収入になります。

これは日本だけではありません。たとえばユーロ紙幣は2022年には、EU27か国のうち19か国が使用していますが、これは欧州中央銀行が発行しています。一方、硬貨は各国が独自に発行しています。オーストリア硬貨にはモーツァルトの顔、イタリア硬貨にはダ・ヴィンチの理想的な人体図がデザインされたりしています。

このように、お札だけでは足りない部分は政府が発行するということが世界の慣例になっています。これを「補助貨幣」と言います。あくまで補助として硬貨を発行しているんですね。

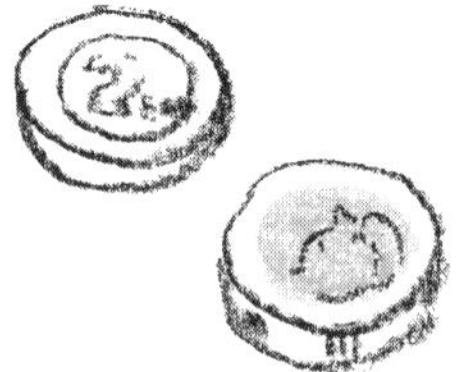

金融とはお金を融通すること

銀行には「銀」という字が使われています。昔は銀が非常に重要なお金として使われていた、また銀本位制があったということが、言葉として残っています。「行」は会社のことです。では銀行はそもそもどんな役割をしているのかを考えていきましょう。

銀行の仕事とは何か、皆さんに聞いてみましょう。どんな仕事がありますか。

学生A 企業に融資する。

お金を貸すということだね。それから？

学生B 給料の振込みをしてくれます。

そのとおりだね。ほかに大事な仕事を忘れてないかな。

学生C お金を預かる。

そう、お金を預かってくれるよね。銀行の仕事というのはいろいろあるのですが、大きな仕事の一つに、お金が余っているところから足りないところにお金を融通するということがあります。これを**金融**と言います。金融とはお金を融通することなんですね。

では、お金が余っているところから足りないところにお金を融通するってどういうことでしょうか。あなたが銀行にお金を預けると、それはお金が余っているということになります。一方で、ある企業が新しい事業をやりたいけれどお金がない。そのときにお金を借りたいなと考える。そういう企業がお金が足りないところです。お金が余っているところからお金が足りないところに融通する仕事、これが金融機関の大事な仕事です。

でもあなたはお金が余っていると言われると、ちょっと違和感があるのではないでしょうか。たくさんお金を持っている人もいるでしょうが、そんなに持っていなくても銀行にお金を預けますよね。どうしてか？　それはいますぐ使う必要がないからですよね。すぐに使うお金は、自分の財布や部屋の中にあるでしょう。すぐ使う予定がないお金、それを余っているお金と言うのです。その預かったお金を銀行がどこかに貸す、これが金融です。

お金が余っているところから足りないところに融通すること。

銀行は融資の仲立ちをしている

たとえばあなたがお金をたくさん持っていたとします。でもそのままタンスに入れておいたのでは、お金は増えない。空き巣に盗られてしまうかもしれない。だから、どこかにきちんと保管してもらいたい、あるいはお金を貸して利息でお金を増やしたいと考えているとしましょう。でもあなたが自分でお金を借りたいという人を見つけるのはなかなか難しいですよね。貸したお金はちゃんと返ってこないかもしれません。知り合いだったら貸せるかもしれませんが、知らない人にお金を貸せるかといったら、それはなかなかできないですよね。

それを代わりにやってくれるのが銀行なんです。銀行は企業からお金を借りたいという申込みがあれば、その企業がお金を借りて何をするのか内容を審査します。事業として、ビジネスとして成り立つのかを審査するわけですね。その計画ならうまくいく、お金を貸しても、あとで利子をつけてちゃんと返して

お札の顔が変わります

2024年度の上期（4～9月）からお札のデザインが変わります。1万円、5千円、千円の3種類のお札のデザインが新しくなり、いわゆる「お札の顔」が刷新されます。表面に描かれる肖像画は、1万円札が「日本の資本主義の父」と言われる渋沢栄一、5千円札が津田塾大学を創設した津田梅子、千円札が血清療法を確立した北里柴三郎です。流通の少ない2千円札の刷新は見送られました。

1万円札の顔が変わるのは、1984年に聖徳太子から福沢諭吉に変わって以来、40年ぶりです。渋沢はかつて候補になったのですが、偽札対策の観点から落選したと言われています。今回は、偽造防止技術が進んだことで、人物本位で選ばれたのだそうです。裏面も一新され1万円札は鳳凰（ほうおう）像から東京駅の丸の内駅舎、5千円札は燕子花（かきつばた）図から藤の花、千円札は富士山と桜から葛飾北斎の冨嶽三十六景「神奈川沖浪裏（なみうら）」になります。国立印刷局は22年6月から印刷を開始し、福沢らのお札の製造は、同年9月に終了しました。

くれるという見通しがつけばお金を貸します。

　このとき、あなたが銀行に預けたお金を貸すわけです。あなたからお金を預かり、それをきちんと安全に保管をし、必ず返してくれそうな人にそのお金を貸す、という仕事をしている。借りた人がお金を返してくれるかどうかということを、きちんと見極めるプロの眼力があるからこそ銀行として仕事ができるのです。こうやって世の中にお金が流れ、動いていく。そういう意味で、銀行あるいは金融機関の仕事というのは極めて大事だということがわかりますよね。

　では金融機関はどうやって儲けているのでしょうか。あなたが銀行にお金を預け、銀行は皆さんに0・1％の金利を払うとします。それを企業に3％の金利で貸すとします。この3％から0・1％を引いた、その差額が銀行の収益になるわけです。実際はもっと複

銀行利益のしくみ

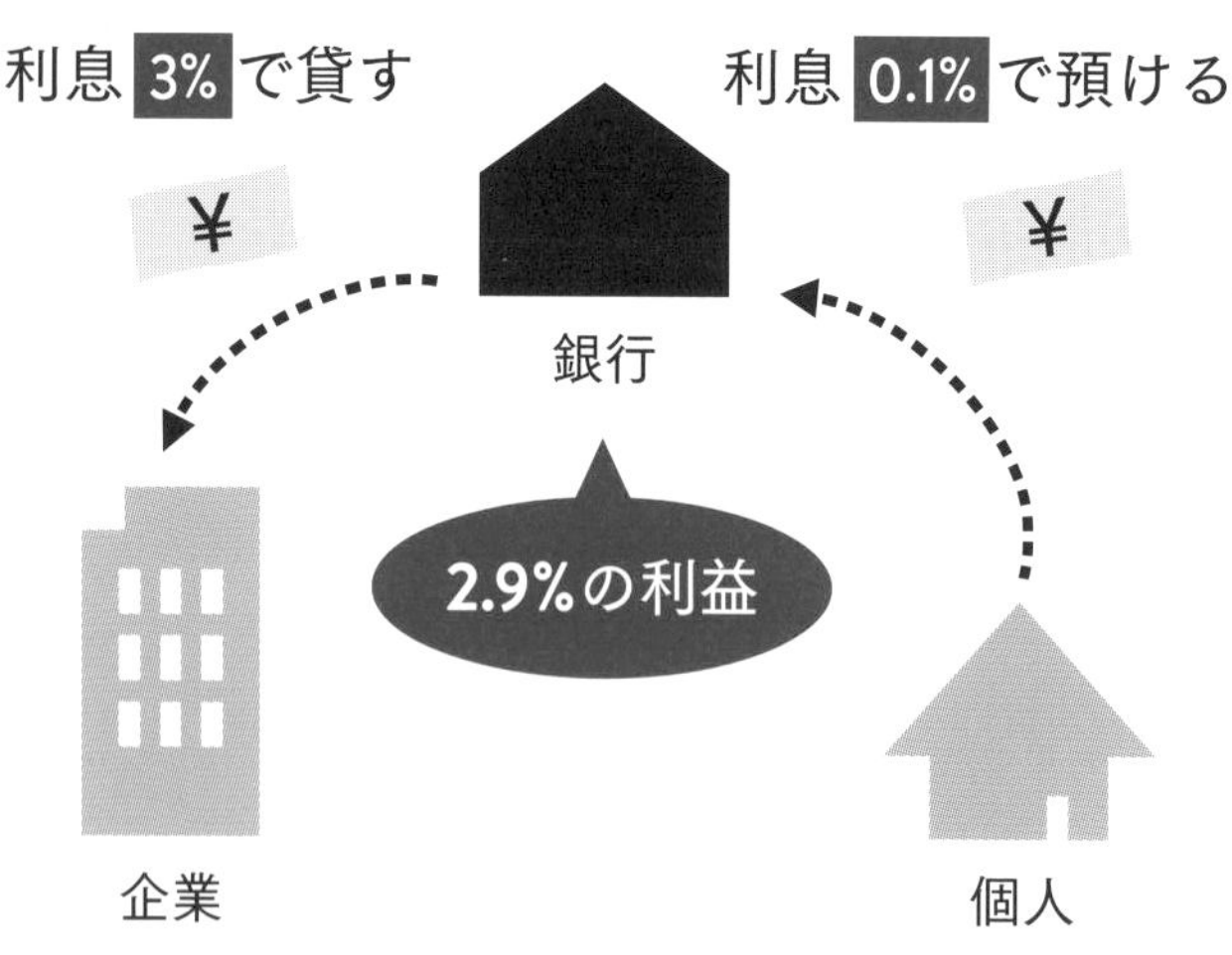

個人の預けたお金の金利と
企業に貸したお金の金利の差額が利益となる。

雑ですが、単純に言えばこういうことです。

銀行は、必ずお金を返してくれそうな優良企業には、リスクが低いので低い金利でお金を貸しますが、過去の実績もないし返してもらえるか不安だなと思う企業には高い金利でお金を貸す、そういうやり方をとっています。銀行はリスクも見込んで融資を行っているのです。

なぜ消費者金融の金利は高いのか？

消費者金融は金利が高いですよね。どうしてか。たとえば、銀行はお金を貸すとき借りる側に対して、もしお金を返してくれなければ代わりにこれをもらいますよというものを必ず設定します。これが**「担保」**と言われるものです。銀行で住宅ローンを組むときは、土地と建物を担保にするという契約を同時にするのが通常です。担保を差し出すことによってお金を借りることができるのです。

ところが消費者金融はいきなり飛び込んでも自分の身分を示せば、少ない金額とはいえ、すぐにお金を借りられます。担保なしでお金を借りられるので非常に便利ですが、金利が高くなります。なんで高くなるかと言うと、お金を返さないで逃げられてしまった場合に担保がないからです。逃げられたら貸したお金が戻ってこない。消費者金融はそういうリスクを抱えています。

担保

お金を返せないときに備えて借り手が差し出すもの。

そこで、そのリスクを少しでも低くするために、大勢の人から高い金利をとってお金を貸す。こうすれば、ごく一部の人がお金を返さずに逃げてしまっても、残りの人の金利分でその分の穴埋めができる、こういう考え方をするわけです。消費者金融からお金を借りることは、お金を返さないで逃げてしまう不心得者の分までお金を支払っているということです。それはなかなか割の合う話ではないということがわかるでしょう。

だからお金を借りるのであれば、担保を差し出して信用を得て低い金利のお金を借りるほうがいいわけです。でもそういう手順を踏むことができなかったり、担保がなかったり信用がなかったり、とにかく切羽詰まっているという人が、高い金利であることを承知のうえで消費者金融からお金を借りている、ということなのです。

銀行がお金をつくる？

銀行にはお金を貸す以外の仕事もありますよね。先ほどの答えにもありました「振込み」があります。たとえば通信販売で商品を買って請求書が送られてきた。その請求の金額を銀行から振り込むというかたちで支払いをして、銀行の内部で決済をすることができます。この**決済機能**も銀行の大事な役割ですね。

実は銀行がしている大きな仕事に、お金をつくり出すという仕事があります。変な話ですよね。お金を発行できるのは日本銀行だけのはずです。でも日本銀行以外の銀

預金者口座からの引落としや銀行振込みのこと。

行がお金をつくり出すことができるんです。どんなしくみなのか、下の図を見てください。

　ある資本家が１００億円を銀行に預けました。このとき銀行には資本家の口座に**１００億円の預金**があります。銀行はその１００億円を、どこかに貸すことができますね。念のために1割の10億円を金庫に残しておいて、残り90億円をA社に融資し、A社の口座に振り込みます。銀行の帳簿にはA社の口座に**90億円**の預金があることになります。さらに銀行は90億円の1割の9億円を金庫に残し、残り81億円をB社に融資しB社の口座に振り込みます。するとまた、銀行の帳簿にはB社の口座に融資した**81億円の預金**があることになります。

　このとき、銀行の帳簿には**１００億円＋90億円＋81億円＝２７１億円**の預金が集まったことになります。なんだか、だまされて

銀行がお金をつくり出すしくみ

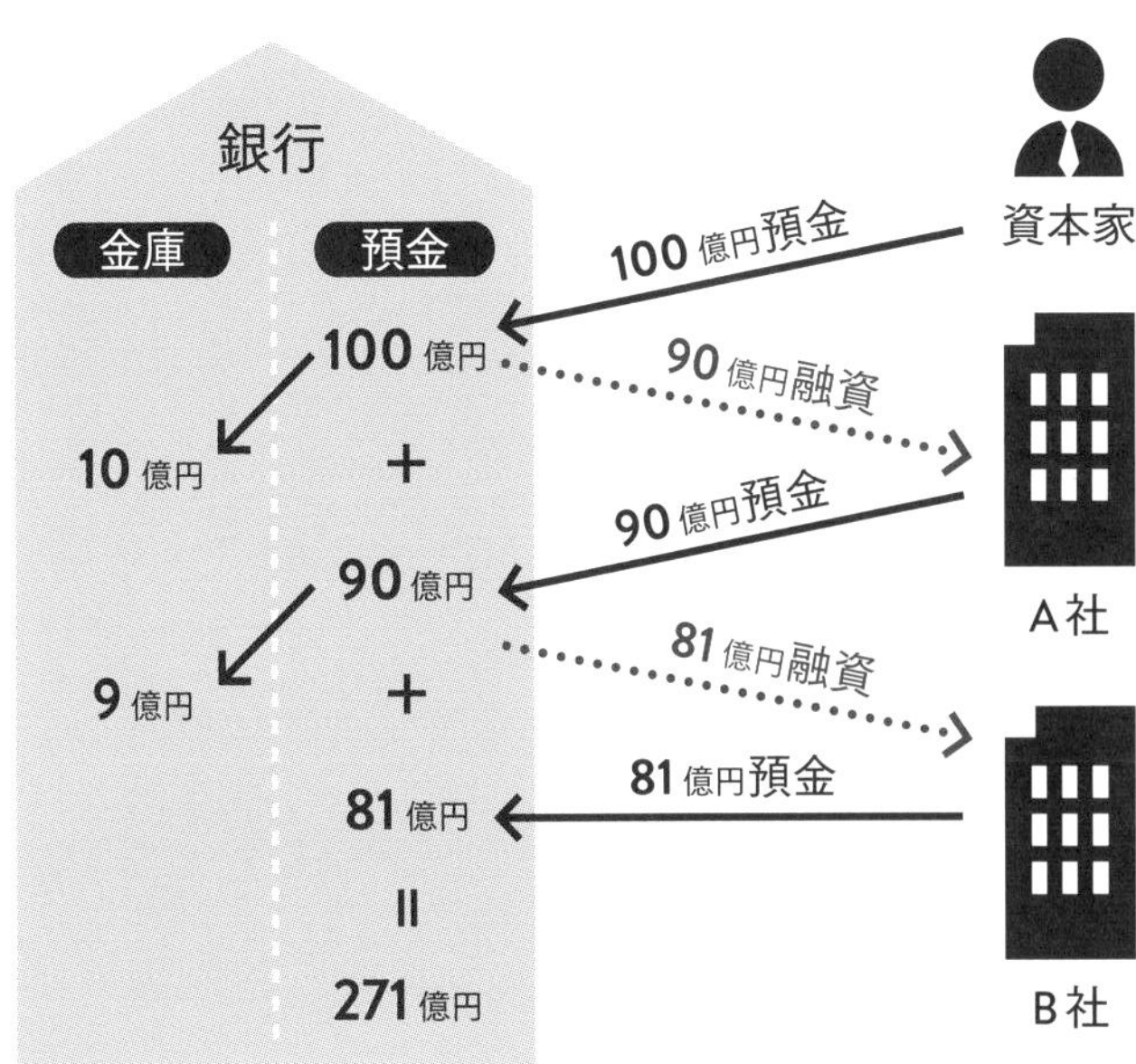

いるような気がしますか。もともと100億円しかなかったものが、銀行に預けられて、融資するというやり取りをしているうちに、271億円のお金が銀行に預金されているということになるのです。銀行はお金を融資するというかたちでお金をつくり出しているのです。これを銀行の**「信用創造」**と言います。

ということは、逆に考えれば、銀行があまりお金を貸さなくなるとどうなるでしょうか。銀行が100億円を預かった、とりあえず90億円をA社に貸し付けて90億円預金が増えた。でもそのあとお金を貸せるような相手がいなければ、ここで打ち止めです。預金額は190億円にしかなりません。それ以上、世の中のお金は増えていきません。銀行がお金を貸すことを続けていれば、世の中のお金はどんどん増えていく。でも銀行があまりお金を貸さなくなると、世の中に出回るお金の額が減っていってしまうのです。

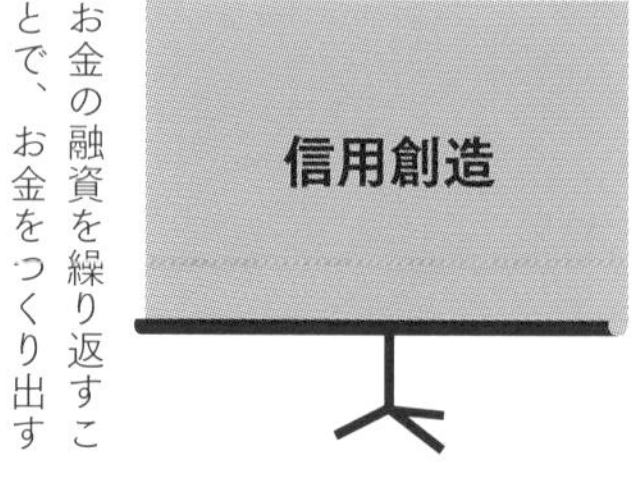

お金の融資を繰り返すことで、お金をつくり出すこと。

中央銀行は「最後の貸し手」

銀行の信用創造によってお金がどんどん増えていく。つまりみんなが銀行にお金を預けている限り、これはうまく機能します。ところが、この銀行大丈夫かな……という金融不安が起こったとします。そうなると、お金を預けているお客が一斉に引き出しにかかります。先ほどの例で言うと、100億円、90億円、81億円の計271億円を預けている人たちが一斉にお金を返してくれと言ったとき、銀行に残っているのはB社の口座にある預金81億円＋金庫の10億円＋9億円の合計１００億円ですよね。２７１億円返してくれと言われても、銀行には１００億円しかない。銀行の取り付け騒ぎというのはこのようにして起きます。

普段、私たちは銀行にお金があると思って銀行を信用しているから、いっぺんにお金を引き出すことはありません。でもあそこの銀行が危ないという噂が広がり、みんなが一斉にお金を引き出すと、本当にお金が足りなくなってしまいます。もともと１００億円しかないわけですから、取り付け騒ぎが起きれば銀行は潰れてしまいます。もしお客から一斉にお金を返せと言われたときに、とりあえず銀行はほかの銀行からお金を借りようとします。でもほかの銀行が、取り付け騒ぎを起こしている銀行には怖くてお金なんか貸せないとなると借りられません。そうなると、銀行が最後に頼るところは中央銀行、日本では日本銀行です。そのため中央銀行を**「最後の貸し手」**と言います。

準備預金って何？

ですから、日本の民間銀行は必ず日本銀行の中に当座預金口座を持っていて、そこに決まった額を預け入れることを義務付ける**準備預金制度**というものがあります。い

最後の貸し手

民間銀行が資金不足に陥ったときに、中央銀行が特別融資を行う機能。

準備預金制度

民間銀行に対して中央銀行に一定金額を預けさせる制度。もともとは預金者保護のために導入されたが、現在は市中に出回る資金量の調節にも使われる。

くら預けるのかはそのときどきによって変動しますが日本は1991年10月を最後に変動せず、ある一定の額を必ず預けておきます。そして取り付け騒ぎがあったときには、ただちにそのお金を使って対応します。こうして、銀行にお金がまったくありませんということが起こらないようにするのです。

1995年8月、大阪にある木津信用組合が経営破綻し、取り付け騒ぎが起こりました。お金が引き出せなくなるのではないかと心配した人たちが店に殺到しました。そのとき、日銀大阪支店から大量の日銀券が木津信用組合に運ばれました。預金者を安心させるために銀行の支店のカウンターにお札を積み上げて、ほら、こんなにお金がありますから、皆さん安心してくださいと言って、みんなを落ち着かせたということがありました。中央銀行にはそういう役割もある。だから全国各地

日銀の特別融資

木津信用組合の経営破綻では、政府は日銀に特別融資を要請し、最大で9,105億円が融資され、預金者の預金は全額保護されました。

ほかにも1995年7月のコスモ信用組合の経営破綻では、日銀が1,980億円を融資。

さらに1997年11月の北海道最大手の北海道拓殖銀行の経営破綻では、即座に日銀特融が実施され、預金全額保護の措置が早々と知らされたので、大きな混乱はありませんでした。このとき日銀は、最大で2兆6,771億円を融資しました。これが中央銀行の最後の貸し手という役割です。

にある日本銀行の支店には大量の銀行券が置いてあります。何かあったときにすぐに駆けつけられるようにしているということです。

なぜ職業によって給料が違う？

それでは皆さん、何か質問はないでしょうか？

学生A　いま世の中にはいろいろな仕事があって、その仕事は全部必要な仕事だと思うんですけど、どうして職業によって給料に差が出てしまうんですか。

なるほど、いい質問だな。そうだね。世の中にはいろいろな仕事がある。なぜその仕事があるかというと、必要とされているからなんだよね。じゃあ、社会から必要とされているにもかかわらず、給料に差があるのはなぜか。これは、経済学的なものの考え方だね。この質問に誰か答えられる人は？

学生B　その企業が出している利益の差。

なるほど。ほかには？

学生C　その人が担っている社会的責任の重さに比例して給料が決まってくると思います。

社会的な責任によってね。ほかには？

学生D　社会の中でやりたい人が多いか多くないか。楽な仕事と楽じゃない仕事。人の嫌がる仕事だとやりたい人が少ないので、給料を多くして募集する。そうしないと集まらない。

給料も需要と供給によって決まる

給料というのも、これは言ってみれば価格、値段ですよね。ものの値段はどうやって決まるか。需要と供給で決まるという話がありましたよね。だから、その仕事の需要に対して供給が少ない場合、給料は上がるわけです。需要があるのに供給が少ないと、ものの値段は上がりますよね。逆に需要がそれほどない仕事なのに供給が大量にあれば、給料は下がっていくことになります。

たとえば、医者は医師免許がなければいけないから、医者の数は非常に限られている。供給量が限られている。でも医者は必要です。だから給料が高いわけです。いわ

ゆる国家資格が必要な職業は、比較的給料が高いということがあります。

その一方で、需要がそれほどでもないのに供給が増えれば値段は下がっていきます。弁護士は昔は人数が少なかったので、かなり高い報酬を得ることができた。ところが弁護士の数を増やすため、２００１年に小泉政権のもと、司法制度改革推進法が成立し、司法試験制度が変わり弁護士の数が増えた。つまり供給が増えた。こうなると食べていけない弁護士さんも出てきました。

参入障壁がなくなると給料が下がる？

かつて銀行には、他の民間企業が銀行に参入することができない**参入障壁**と言われるしくみがありました。そのため昔の銀行員は高い給料をもらえました。けれども自由化が行われて外国から金融機関がどんどん入ってきたり、あるいはソニー銀行とかセブン銀行とか、ほかの業界からも銀行に参入したりしてくる。その中には給料をそれほど高くせず、その分金利を高くするという銀行が出てくる。それに対抗するために、既存の銀行員の給料や待遇がどんどん下がってきたということがあります。

いまでも銀行員の給料はかなり恵まれていますけれど、私が就職活動をしている頃の銀行員というのは大変高い収入を得ていました。それに比べればずいぶん下がっています。

供給が増えれば
給料は
下がるんですね

このように給料は需要と供給で決まる一方、供給がうまくいかないような参入障壁があって、高い給料が保証されてきた仕事もあるのです。でもそれがいったん取り払われてしまえば、どんどん給料が下がってくるということがあるんですね。

放送業界もそうですね。もともと放送局というのは国からの放送免許というのがあってはじめて放送ができるわけです。ところがBS放送やCS放送が始まり、競争相手が出てきた。さらにネット番組も人気になりライバルが増えてくると、これまで通りの給料ではやっていけません。いま放送局の社員の給料は下がる傾向にあります。つまり、自由競争が行われることによって本来の給料の値段になってくるわけです。

また先ほど話にあった、みんなが嫌がるような仕事はやる人が少ない。でも、社会的に必要であればあるほど、需要と供給の関係で給料が高くなります。

［補足講義］③

銀行券のパラドックス

スーパーやコンビニで買い物をするとき、電子マネーで払う機会が増えましたよね。日用品もクレジットカードで買うので、あまり現金を使わなくなったなと感じている人も多いのではないでしょうか。ところが、近年、紙のお金、紙幣の発行がじわじわと増えているのです。日本だけでなく、米国や欧州でも、現金の流通が増える不思議な現象が起き、「銀行券のパラドックス」と呼ばれています。日本の2022年11月の紙幣の発行残高（月末）は、121兆円で前年比2.8％増、このところ、前年比で2～6％ずつ増えてきています。

奇妙かもしれませんが、現金の必要性が薄れる一方で、いざというとき頼りになるのは、やはり現金だという気持ちが働くみたいです。金融機関の支店の統廃合が進み、現金を引き出す手間を省くために、手元に置く現金を増やす人が多く、家庭の現金「タンス預金」も増える傾向にあるとの分析もあります。また、キャッシュレス決済に消極的だったり、動きについていけない高齢者が、現金需要を高めているともみられています。さらに意外だったのは、コロナ禍がこのパラドックスに拍車をかけたことです。感染拡大によって買い物にでかける機会が減少し、現金の需要は減少しました。その一方で、預金引き出しの機会も減ったことや先行き不安などが強まったことなどで、手元の現金を増やした人が増えたのではないかと思われます。どんなときもやはり、先立つものは現金なのでしょうか。

経済学的なものの見方は、仕事にも役立つ

あなたがこれから働きたいという企業を見るときは、本当に社会に求められている仕事なのか、たまたまそれができる人が少ないから給料が高いのか、あるいは国や自治体の規制によってたまたま守られているから高い給料なのか、ということを考えたほうがいいですね。

つまり、たまたまその仕事が規制で守られていて高い給料をもらっているのであれば、その規制が取り払われたらどーんと給料が下がってしまう可能性があるわけです。その一方で、社会から求められている、あるいは特殊な技能を持っていれば、供給が限られているわけですからその分高い給料なんだ、そういうふうに考えてみたらどうでしょうか。

Chapter.1で需要と供給の話をしましたが、それはこうやって給料にも当てはめることができるということです。先ほどいろいろな意見が出ましたが、こういうことがまさに経済学的な思考法なんですね。早速、経済学的な思考を応用することができるようになったということです。ぜひこういう発想でいろいろなものごとを見るようにしてください。

Q

Question

復習問題2

左記の文章が正しいかどうか、○か×で答えましょう。

第1問 金本位制度は、中央銀行が保有する金の分だけ紙幣を発行できる制度である。

第2問 日本銀行は国有銀行である。

第3問 1万円札を発行しているのは造幣局である。

＊答えは256ページにあります

Chapter.3

「見えざる手」が経済を動かす

――アダム・スミス

ここからは、経済を学問として分析し、
世界に大きな影響を与えた4人の経済学者を取り上げます。
まずは、近代経済学の父と呼ばれている
アダム・スミスです。彼は著書である『国富論』で
自由放任を唱えました。「見えざる手が経済を動かす」とは
どんな意味なのでしょうか？

POINT

アダム・スミスの『国富論』とは？

— 1 —

アダム・スミスは「近代経済学の父」と呼ばれ、
富が増えるしくみを『国富論』として発表した。

— 2 —

現代の資本主義経済は、
「市場」（シジョウ）の動きを重視している。

— 3 —

市場経済は自由であるべきだが、
「独占の禁止」や時代に沿った規制が必要。

近現代経済学の系譜

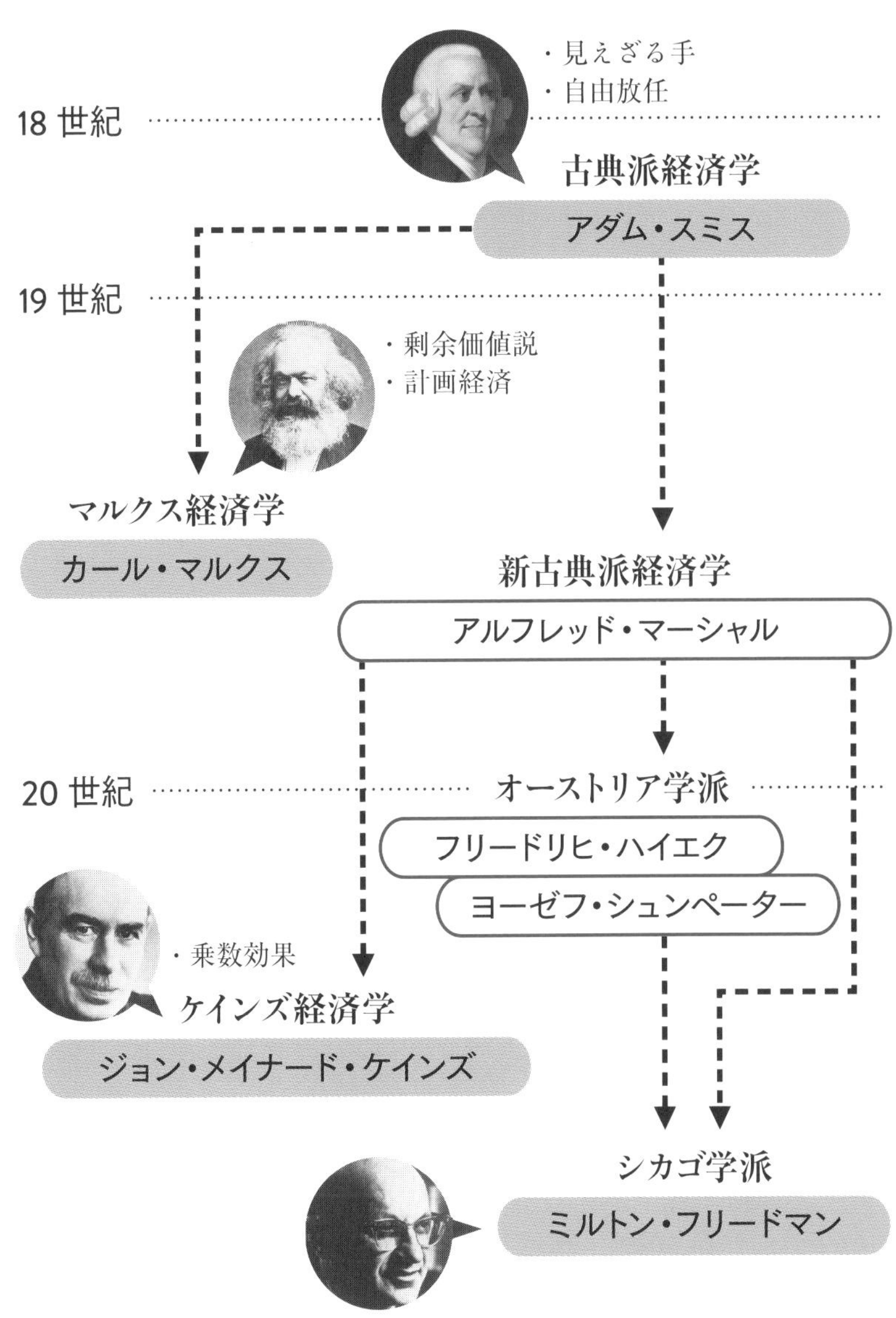
・見えざる手
・自由放任
18 世紀
古典派経済学
アダム・スミス
19 世紀
・剰余価値説
・計画経済
マルクス経済学
カール・マルクス
新古典派経済学
アルフレッド・マーシャル
20 世紀
オーストリア学派
フリードリヒ・ハイエク
ヨーゼフ・シュンペーター
・乗数効果
ケインズ経済学
ジョン・メイナード・ケインズ
シカゴ学派
ミルトン・フリードマン
・新自由主義
・マネタリズム

近代経済学の父、アダム・スミス

アダム・スミスは「**近代経済学の父**」と呼ばれています。彼が1776年に発表した『**国富論**』は、世界経済に大きな影響を与えました。翻訳がいくつか出ていて、『国富論』以外に『**諸国民の富**』という題名の日本語訳もあります。彼が展開した理論は、そもそも私たちにとって富、財産とは何だろうか、そしてその富はどのようにして増えていくのかということを考えたものです。そのしくみがわかれば、それを促進させればいい。あるいはうまくいかないところをなくしていけば、みんなが豊かになれるであろう、それはどういうことなのかということを論じたのです。

アダム・スミスは、1723年にスコットランドで生まれました。当時のスコットランドはイングランドに併合されて、大英帝国いわゆるイギリスの一部になっていました。私たちにはイギリスの一部という認識がありますが、スコットランドから見ればイングランドに無理やり併合されてしまったという思いがあり、イングランドに対抗心を持っています。

そういった環境の中で彼は育ちました。ロンドンで学んだこともありますが、その後スコットランドに帰り名門グラスゴー大学で、経済学ではなく「道徳哲学」の先生をしていました。彼が最初に発表した本である『**道徳感情論**』は、非常に高い評価を

写真：culture-images / 時事通信フォト

スコットランド生まれ。1759年『道徳感情論』を発表し、高い評価を得る。53歳で『国富論』を発表。近代経済学の基礎をつくる。

得ました。彼は人々の感情あるいは道徳的な行動を分析しました。人々が利己的な行動、つまり他人のことより自分の利益ばかり考えて働いているのに、なぜ世の中はうまくいくのかということを考えているうちに、自分なりに経済学を考えるようになったのです。

「同感」の感情で社会秩序は保たれている

『道徳感情論』の中で彼が強調しているのは、「**同感**」という感情、人間の心の動きです。「あなたの意見に同感する」というふうに使いますよね。あの「同感」です。

私たちはみんな自分のことばかり考えて行動する、もちろんそうでない人もいますし、他人のことを考えるときもあります。でも、働くとなると自分の利益を考えますよね。やっぱり儲けたいから、自分の利益を考えて行動する。それでも社会的に秩序が成り立っていますよね。みんなが自分のことや勝手なことばかり考えていたら、それこそ盗みや強盗がひっきりなしに起きてもおかしくなさそうですが、社会がばらばらになっていない。アダム・スミスは、それはどうしてなのだろうかと考えた結果、「同感」という概念に行き当たりました。

どういうことかというと、**みんながそれぞれ勝手な行動をとってはいるけれども、他人から「同感」が得られる限り、社会的に正当だと認められるからではないかと考**

『道徳感情論』
アダム・スミスの
最初の著書

えたんですね。自分の利益ばかり考えて行動しているように見えるけれども、家族を養うためだったり、金儲けでもこれくらいは許されるかな、自分だってやるもんなという同感を他人から得られたりすれば、その行動は許されるということです。

逆に言えば、ここまでやったらやりすぎかな、ほかの人から同感が得られないなと思えば、自分の行動に自然とブレーキがかかる。だから社会の秩序は保たれているんだという考え方です。この考えが、アダム・スミスの経済学に発展していくことになります。

輸出と輸入、どちらも国を豊かにする

『国富論』という題名なくらいですから、アダム・スミスは私たちにとってそもそも富とは何か、何が富に当たるのかを考えました。そしてこう定義しています。

「**富とは国民の労働で生産される必需品と便益品**」。

生活必需品があってこそ富ですよね。これがなければ非常に貧しい。便益品というのは、言ってみればやや贅沢をするものです。これを合わせて**消費財**と呼びます。これこそが富であるとアダム・スミスは考えました。いろいろなものを消費する、それが富であると考えたんですね。なぜこのような考え方をしたのか。実は当時最も一般的な経済の考え方であった**「重商主義」**を批判したのです。

消費財
必需品＋便益品

重商主義の考え方では、輸出をすれば金や銀や銅など貴金属が国に入ってくる、輸出はすばらしい、貴金属こそが富なんだと考えます。一方で輸入をすれば支払いに貴金属を使うことになる。国から貴金属が出ていってしまう。輸入は国を豊かにしないという考えです。

つまり、富とは貴金属である、金や銀や銅こそが富であるから、それをため込むことが大事なんだ。どんどん輸出をして貴金属をためることはすばらしい。逆にものを輸入してしまうとためた貴金属を外国に払わなければいけない、その分減ってしまうじゃないか、それは富が減ることだ、ということです。

いまから思えば変な考え方かもしれませんが、ものを輸出すれば国が豊かになる、輸入すると国が豊かにならないという考え方は、現代の日本の政治や経済の問題でも出てきま

重商主義では富とは貴金属だった

重商主義		アダム・スミスの考え
富とは貴金属	←‐‐‐→	富とは消費財
輸出によって金・銀を得ることが国を豊かにする		輸出だけでなく、輸入によっても国は豊かになる

すよね。この考え方を否定したのがアダム・スミスだったのです。

彼の考えはこうでした。輸出をすることによって貴金属が国に入ってくることはもちろんいいことだ。一方で、その貴金属を使って海外からいろいろなものを買う、すなわち輸入をすると、生活必需品や便益品などのさまざまな**消費財**が国内に入ってくる。それは国民の生活をより豊かなものにする。だから輸出だけじゃなく輸入によっても私たちの暮らしは豊かになる、これこそが富なんだというものです。

つまり、富を増やすためには海外との自由な貿易を行う。それと同時に国内でも自由な経済活動をすることによって富が増えていく。これがアダム・スミスの考えです。だからといって、単にどんどん輸入すればいいとは言っていません。いきなりたくさんの輸入を始めたら、それによって国内の産業が壊滅的な影響を受けてしまう可能性がありますから、徐々に輸入を増やすことが必要なんだと考えました。

輸出奨励金では国は豊かにならない

アダム・スミスは、輸出を増やすことによって国が豊かになることは認めていますが、輸出を増やすために輸出を行う企業に国が補助金を出す**「輸出奨励金制度」**は批判しています。そもそも奨励金をもらわなければ輸出できないような産業は、補助金なしでは海外のライバルに太刀打ちできないということです。経済力の弱い企業にお

重商主義

16〜18世紀の産業革命以前、ヨーロッパで主流だった考え。貴金属こそが富だとした。

輸出奨励金制度

輸出を増やすために輸出をする企業に国が補助金を支給する制度。アダム・スミスはこれを批判した。

金を与えることは、結果的に利益が得られない産業に富が使われていることになる。それは資源の無駄遣いだと考えたのです。

また、国からの補助金を目当てに生産性の低い産業に企業がどんどん参入したら、支払う補助金が増えていく一方で、生産性の低い産業に企業が集まってしまいます。それは国全体にとって決していいことではない。自力でほかの産業に太刀打ちできなければそれは仕方がないことだ。強い産業に人やお金が流れていくことが、結局は社会全体の資源配分の最適化につながるのではないか。これがアダム・スミスの考え方です。

経済学は**資源の最適配分**を考える学問だという話をしましたね。アダム・スミスは、国が口を出したりしないでそれぞれ自由にやらせていれば、結果的に資源が最適に配分されると考えました。つまり**市場＝マーケットを大事にする**ということです。さまざまなものの売り買いをして値段が決まっていく**市場（シジョウ）**を大事にすれば結果的に経済が豊かになる、奨励金のような余計なものは不要だということです。

生産性を高めるために分業を考えた

アダム・スミスは、富を増やす具体的な方法も考えました。生産性を高めるための**分業**です。ピン（針）の製造を分業することによって、どれだけ生産性が高まるかと

分業

生産の過程をいくつかに分けて分担し、全体の生産性を高めること。

いう具体例を挙げています。

鉄のかたまりを針金のように細長く伸ばし、ピンの大きさに切って穴を開け、先を尖らせる作業を1人でやっていたら、1日1本つくるのがやっとです。それを十数人で役割分担し、鉄を伸ばす人、切る人、先を尖らせる人、穴を開ける人というように分けていくと、1日に大量のピンがつくれる。18世紀の終わり頃の技術でも、10人の職人が分業体制をとれば1日に1人当たり4800本も製造できる。さまざまな産業でこのような分業体制をとることによって、私たちの経済は豊かになっていくと彼は指摘しました。

たとえば、パンをつくるためには小麦粉が必要ですよね。まず自分で小麦を植えて、小麦の収穫をし、それを小麦粉にし、パンを焼いて、それに甘いものをつけたりフルーツをつけたりしてようやく売りに出す。1人でやれば1年がかりです。小麦を専門につくっている農家がいるから小麦が大量にできる。それを碾(ひ)いて小麦粉にして売る人がいるからこそ、パン屋さんは小麦粉を買ってきて、こねてパンを焼くことができる。社会的にさまざまな分業、仕事をしている人たちがいるおかげで、パン屋さんがたくさんのパンを焼いて皆さんにそれを売ることができるわけです。

分業は利己心によって成立している

ではその分業は、そもそもみんなで打合せをして行っていることでしょうか。そうではないですよね。農家の人は、小麦を育てて売ればお金になるから小麦を育てている。小麦を安く買って小麦粉にすれば高く売れるから、小麦粉をつくっている企業が存在する。小麦粉をこねてパンにすれば売れるからパン屋さんがいるわけです。みんな社会のために働いているという意識を持っているわけではない。その仕事をするとお金になるからその仕事を選んでいるにすぎません。ところがそれによって世の中の経済が回っているのです。

アダム・スミスは言っています。人間だけが分業をすることができる。動物は分業できない。オオカミにしてもライオンにしても、獲物を追いかけるときは自分1頭で追いかける。たまたま2、3頭で1頭のシカを追い詰めるようなこともあるけれど、あらかじめ作戦計画を立てているわけではない。人間だけが**社会的分業**を行い、それによって世の中の経済が回っていると彼は考えました。いろいろな仕事があり、人はそれぞれ自分のことだけを考えて、その仕事をすれば利益があり生活ができるからやっているにすぎない。けれどもこれを社会全体で見ると、世の中の経済が回っていくということです。

社会的分業とは、
それぞれの人の利己心によって
分業が行われることで経済が回っていくこと

つまり、分業は相手への利他心ではなく利己心に働きかけて成立すると言っています。あなたがパンが食べられる、野菜が食べられる、お酒が飲める、それはパン屋さんがあなたのためにパンをつくってあげましょうと言っているわけではない。自分が儲けようとしている。でも利己心でパンを売る人がいるから、私たちはそれを買うことができる。それによって経済が回っていく。分業、しかも利己心による分業によって経済は動いていく。その結果、経済がうまくいくということになります。

ものの値段も利己心で決まる

ものの値段も実は利己心で決まっていきます。たとえば八百屋さんとスーパーでそれぞれキャベツ100個を売る例を考えてみましょう。八百屋さんがキャベツを100個仕入れ、それを1個150円で売りました。80個売れましたが20個売れ残りました。大変だ、閉店間際だし、値引きして100円で売ってしまおうと100円にしたら見事に全部売れました。150円×80個＝1万2000円、100円×20個＝2000円、合計1万4000円の売り上げです。

さて、スーパーでは、八百屋さんがキャベツ1個を150円で売っているのを知り、八百屋さんより安くして全部売って利益を出そうと1個130円にしました。キャベツはすぐに売り切れました。130円×100個＝1万3000円の売り上げです。

八百屋さん

キャベツ 100 個

残り 20 個

150 円× **80** 個＝**12,000** 円
100 円× **20** 個＝**2,000** 円

合計 **14,000** 円

スーパー

キャベツ 100 個

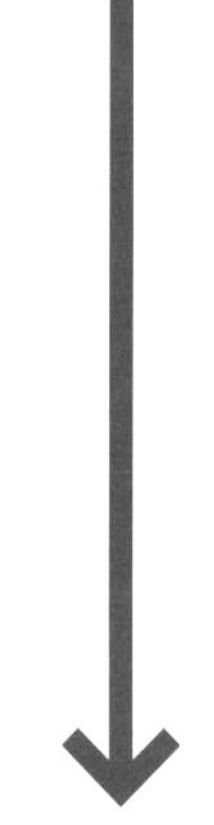

130 円× **100** 個＝**13,000** 円

合計 **13,000** 円

あれっと思いませんか。はじめ高い値段で売って、閉店間際に安くした八百屋さんのほうが、最初から安い値段で売ったスーパーよりも利益が上がっていますよね。八百屋さんが閉店間際にどんどん値段を下げていくのにはこのような戦略があり、買い物をする側から言えば閉店間際に行けば安く買えるという計画を立てることができる。でもあまり閉店ぎりぎりに行くと売り切れて商品がなくなってしまう。売る側も買う側も知恵を絞るわけですね。こうやって、値段をどうすればいちばん売れて儲かるかなということを常に考える、これがマーケットというものです。

そしてここで大事なのが、八百屋さんもスーパーも、**お客のためにキャベツの値段を決めて売っているわけではない、いくらで売ればいちばん儲かるかということを考えて値段を決めている**ということです。「さあ、サービスだよ」と言って値段を安くして売っていても、それはお客さんのためを思って値段を下げているわけではないんですね。値段を下げたほうが売れて自分の利益になるから値引きをしているんだ、と考えることが必要です。こうやってものの値段が決まっていくのです。

見えざる手――市場の自動調整機能

アダム・スミスには有名な言葉があります。**「見えざる手」**です。

「生産物が最大の価値を持つように産業を運営するのは自分自身の利得のためなので

見えざる手

市場経済には、参加者が勝手気ままに行動しても、効率的な生産や分配を実現させる自動調整機能があるという考え。

ある。そうすることによって彼は他の多くの場合と同じく、**見えざる手**に導かれ、自分では意図していなかった一目的を促進することになる」

自分の利得のことだけを考えてみんな働いている。でもそれは社会的分業になっている。みんなが自分のことを考えて一生懸命やっていると、結果的に見えざる手に導かれて世の中がうまくいくのです。

市場＝マーケットでは個々人が利益を求めて利己的に行動しても、見えざる手によって導かれ、結果として経済がうまく回っていくということです。Chapter.1でやりましたね。どうやってものの値段が決まるのか。それは**需要曲線**と**供給曲線**が交わったところで決まるのでしたね。需要と供給のバランスはおのずと調整される。これを、見えざる手に導かれるごとくうまくいくんだよと表現したのです。

絶対に必要な政府の3つの役割

では、見えざる手によって経済がうまく導かれるのであるなら、国は市場をただ放っておけばいいのでしょうか。アダム・スミス以後、自由放任にすれば結果的にうまくいくという考え方が経済学ではずっと引き継がれていき、やがてそういう学派も生まれてきます。ただし、本当にアダム・

アダム・スミスが唱えた政府の役割

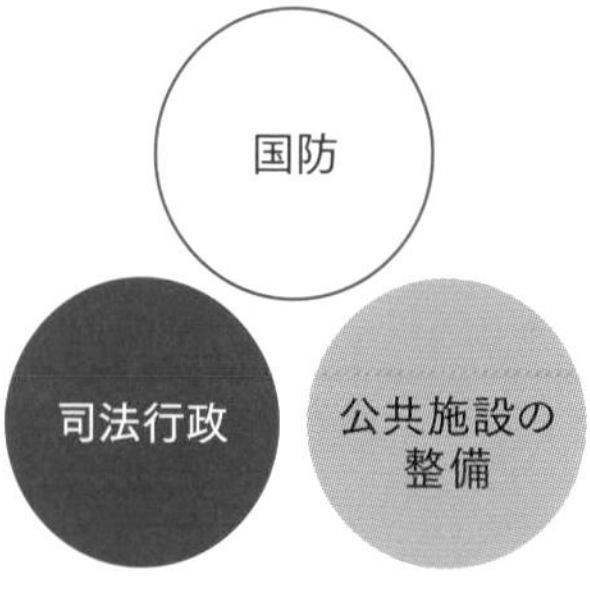

スミスがすべて自由放任を主張していたのかというと、必ずしもそうではありません。『国富論』をちゃんと読めば、すべて自由放任にすればいいとは言っていないのです。

アダム・スミスが、これだけは絶対必要だと言っているものが3つあります。

一つは**国防**。国を守るということです。それから**司法行政**。裁判です。そしてもう一つが公共事業などの**公共施設の整備**です。みんなが使う道路は国がつくらなければいけない。また、川が氾濫しないようにすることも政府がやるべきことですね。

「神の見えざる手」とは何か?

「見えざる手」を「神の見えざる手」という言い方をする人がよくいますが、『国富論』のどこにも「神の見えざる手」という言い方は見当たりません。アダム・スミスは「見えざる手」としか言っていません。これはおそらく、見えざる手によって経済がうまく誘導されていることは、神様がやっているようなものかなと勝手に解釈した人がいて、いつしか「神の見えざる手」という言い方をするようになったのでしょう。アダム・スミスは神という言葉は使っていないのです。

すべて放っておけばいいというわけではない。こういうことは政府がちゃんとやらなければいけないよということになるわけです。

自由な競争をすることによって、経済が効率化していく。でも政府として必ずやらなければいけないことがある。それ以外のことはなるべく政府が経済活動に口を出さないほうが、結果的にうまくいくという考え方です。

自由競争による資源の最適配分

自由な市場経済では、競争があります。競争することによって資源の最適配分が図られます。携帯電話市場の競争を考えてみましょう。昔の携帯電話は非常に大きく、ショルダーフォンという肩に掛けて使う重いものでした。携帯電話というのは高いものだから個人が買えるわけがない、というのが当時の郵政省（２０００年12月まで存続した国の機関）の考え方でした。そのため、日本では携帯電話の販売は規制され、できませんでした。

しかし、海外では携帯電話の販売が行われていました。そのため日本国内でも携帯電話を自由に販売できるように規制を緩和しようということになります。１９９４年に携帯電話が自由に販売できるようになったことで、爆発的に売れ出します。売れるようになれば大量生産をする。そうすれば

携帯電話・加入契約数の推移

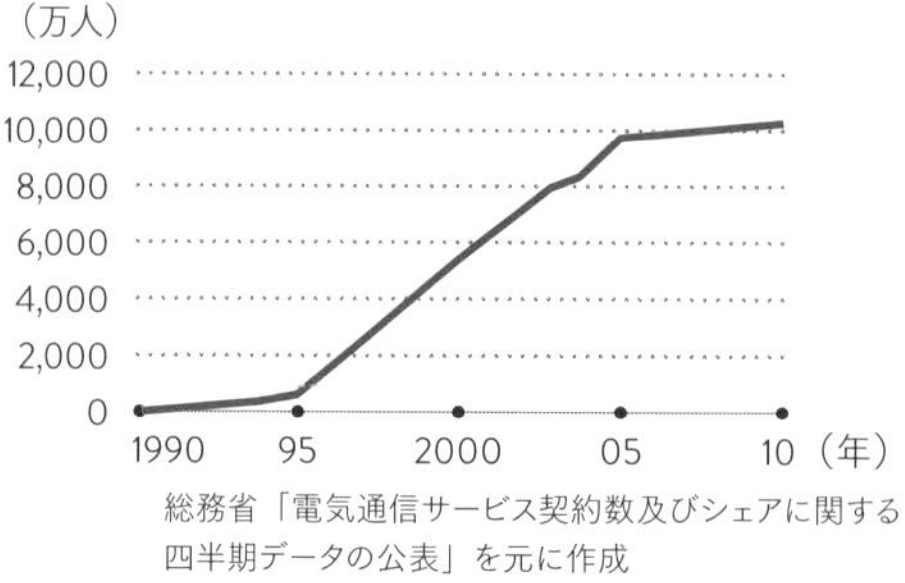

総務省「電気通信サービス契約数及びシェアに関する四半期データの公表」を元に作成

コストが下がっていきます。どんどん携帯電話が安くなっていく、安くなればますます売れる、という循環が始まります。

そうなると、携帯電話をもっと軽いものにしよう、片手で扱えるものにしようと技術開発され、どんどん進化していきます。いまあなたが使っている携帯電話は非常に軽量ですよね。プラスチックにしてもさまざまな金属にしても、ごくわずかしか使われていません。ということは、たくさんのさまざまな部品を使わないで済むようになった、限られた資源を有効に利用できるようになったということです。

さらに電話をかけるだけではなく、メール、カメラ、ゲーム、インターネットなどさまざまな機能が備わり、どんどん広がっていったわけですよね。みんなに勝手に自由に競争をやらせたら見事にみんなが携帯電話を使うよ

悪徳商法の対処法

悪徳商法ではよく「いい儲け口があるんですよ」と言い寄ってきます。そんなときは、ちょっと考えてみてください。アダム・スミスの理論で言えば、人が他人のためを考えて商売をしているはずがないですね。商売というのはみんな自分が儲けるためにしているわけです。本当にいい儲け口だったら、人に言わないで自分でやっているはずです。それをわざわざ他人に「いい儲け口があるんですよ」と言ってお金を出させて儲けようとする、これが悪徳商法です。きれいごとを言ってきたら、ちょっと待てよと考えることが必要ですね。

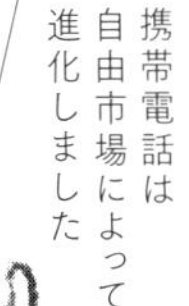

携帯電話は自由市場によって進化しました

うになった。いまから思えば、携帯電話なんて買う人がどこにいるんですかと言って、その販売を禁止していた郵政省の役人の判断が間違っていたということがわかるわけです。

そもそもこれはこうであるべきだなんて役所が決めることじゃない、自由な市場に任せておけば、うまくいけば売れるし、だめだったら消えていく。それでいいじゃないかというのがアダム・スミスの考え方です。もちろん、なんでも全部自由にすれば

携帯電話の歴史

電話の歴史は規制緩和の歴史でもあります。1985年、日本電信電話公社の民営化により、NTTが設立され、同時に電気通信事業も自由化されました。しかし当時はまだレンタルのみで、携帯電話の販売は規制されていました。1994年、レンタルされていた携帯電話を利用者が買い取る売り切り制が始まると、電話会社各社の販売競争が加速しました。携帯電話の加入数は、94年から右肩上がりに増え、2007年には1億人を突破しました。まさに規制緩和によって市場が活性化したのです。2019年には、世帯あたりの「スマートフォン」の保有率が83.4%となり、8割を超えました。「パソコン」が69.1%、「固定電話」の69.0%と比べても、爆発的に普及したことがわかります。本格的な「スマホ社会」が到来しているのです（総務省「通信利用動向調査」より）。

いいと言ったわけではないのですが、ここから自由放任がいちばんいいんだという意識、考え方が生まれてくるようになったのです。

市場の失敗1――独占

自由な市場＝マーケットが大事だということは、アダム・スミスが言うとおりです。だからと言って、それですべてがうまくいくわけではありません。ここからはアダム・スミスの理論ではないのですが、それを受けたうえでお話しします。

まず、現代の私たちの状況はそんなに簡単なものではないということがわかっています。アダム・スミスは自由な市場に任せればそれで経済はうまくいくと言いました。ある程度はそのとおりです。でも放っておくとマーケットが暴走してしまい、勝手に失敗してしまうことが起きるんですね。これを**市場の失敗**と言います。

その一つが**「独占」**です。激しい競争が行われると、経営体力の弱い会社は潰れていきます。経営体力の強い会社がどんどん勢力を伸ばしていき、吸収合併をして大きくなっていく。ふと気がつくと、ある市場が一つの企業の独占状態になっていることがあります。これは決していいことではありません。

例を挙げますと、昔からいろいろな商店があって、それぞれが競争して結果的にいろいろなものが安く買えていた町があったとします。そこに大型スーパーが進出した

市場の失敗

市場が競争的であっても、効率的な資源配分が達成できないこと。

としましょう。大型スーパーがその周辺のライバルを全部潰そうとして、ものすごく安い値段でものを売るようになりました。あなたならどうしますか。馴染みの店があっても、大型スーパーに行けばはるかに安くものが買えるということになれば、そっちに行く人が多くなりますよね。結果的に昔からあった地域のお店は次々に潰れていきます。

ライバルがいなくなった、みんな大型スーパーで買わざるを得なくなったときに、そのスーパーがものの値段をポーンとはね上げたらどうなりますか。ライバル店は全部潰れてしまったのだから、そこで買うしかない。安くものを買うためには、電車に乗って隣町まで行かなければならなくなる。隣町まで行く交通費と時間を考えたら大型スーパーで買ったほうが安いということになれば、結局は以前より高い値段で買わざるを得なくなる。これが独占の弊害というものです。

飛行機の地方路線も同じことです。ある場所からある場所に一つの航空会社の飛行機しか飛んでいないとなると、サービスはよくない。しかし、嫌なら利用するなと言われちゃう。その航空会社を利用せざるを得ないということになると、サービスが悪いだけではなく、航空運賃も相対的に高いものになっていきます。つまり、本来自由放任で市場で自由にやっていれば結局うまくいくはずが、独占企業ができてしまうと市場が失敗してしまうのです。

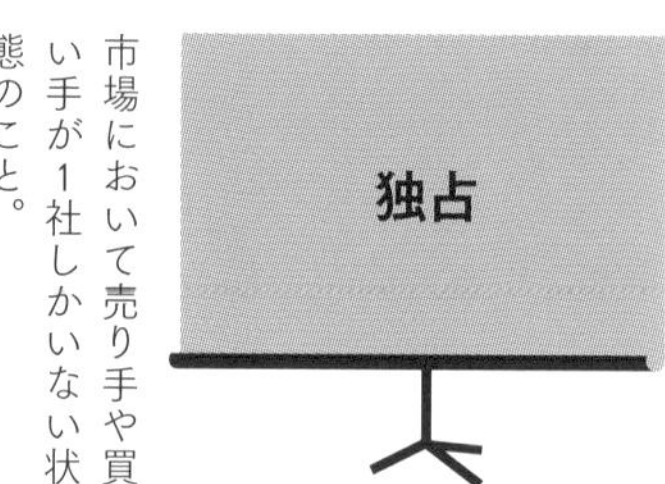

市場において売り手や買い手が1社しかいない状態のこと。

［補足講義］4

大規模小売店舗法が郊外のスーパーをつくった

多くの地方都市で、かつて賑わっていた駅前商店街がシャッター通りとなってしまう問題に直面しています。

商店街では、大型スーパーの進出を阻止する動きがあって、1974年に「大規模小売店舗法」という法律が施行されました。この法律によって、店舗面積や年間営業日数が調整されたり、駅前に大型スーパーがつくれなくなったりしました。すると大型スーパーは、郊外に出店を始めました。消費者は自動車で郊外の大型スーパーに買い物に行くようになったのです。皮肉なことに、小さな商店を守ろうとつくられた法律が、逆に駅前商店街から消費者を遠ざけてしまったのです。

一方、大型スーパーができると目の前に八百屋さんができる光景を目にすることがあります。小判鮫商法です。鮮度のあまりよくない野菜を売るスーパーの近くで、あえて八百屋さんを開き新鮮さをアピールして商売をするのです。いま思えば、商店街は大型スーパーを阻止しないで、共存して大型スーパーに来る客を取り込むという戦略をとっていれば、ひょっとするとうまくいっていたかもしれません。

この法律は、2000年6月に廃止され、これに代わって新たに「大規模小売店舗立地法」が施行されました。

独占禁止法で市場の失敗をカバーする

この独占を防ごうとつくられたのが**「独占禁止法」**という法律です。ある産業を1つの企業が独占してしまうようなやり方を禁止したり、ある産業の中で2つの企業しか存在しないとき、その2つの企業が合併するようなことを認めなかったりする、これが独占禁止法に基づいた独占の防止です。この法律に基づいていろいろな監視をする役所が、**「公正取引委員会」**です。

たとえばテレビゲームの**抱き合わせ販売**というものがあります。人気のあるゲームソフトを人気のないゲームソフトとセットにしてしか売りませんよというやり方です。その会社でしか買うことができないという独占的な立場を利用して、弱いものいじめをする。これは許されません。独占禁止法で禁じられています。

あるいは、大型スーパーが近くにある豆腐専門店を潰してしまおうと考え、その豆腐専門店の半額で豆腐を売り出す。当然のことながらみんながスーパーで豆腐を買うようになって、その豆腐屋さんは潰れてしまった。さあ、スーパーは安心して豆腐の値段を3倍にする、というのはいけないですね。正当な値段で安いならいいのですが、ライバルを潰すためのあまりに意図的な安売りは禁止されています。このように、独占禁止法という法律に基づいて公正取引委員会が見張りをし、それによって市場の失

独占禁止法
公正取引委員会

消費者利益の確保のために、市場で公正かつ自由な企業間競争を促進するための法律。独立行政委員会である公正取引委員会が所管しており、違反した企業に対してはその行為を取り除くために「排除措置命令」を下す。

敗をカバーしようとしているのです。

市場の失敗2――外部性

市場の失敗の原因には**「外部性」**というものもあります。たとえばある化学物質をつくる。その過程で有害な化学薬品や化学廃棄物が出てきます。周辺が汚染されてもいいやと思って、川に流してしまう。本来ならば企業は環境を汚さないようにするために汚れた廃棄物が出ないようにしたり大気汚染物質を放出しないようにしたりしなければいけません。しかし勝手に自由な経済活動をやらせていると、どんどん汚染物質の垂れ流しをしたり、有害物質を大気中に放出してしまったりするほうが安いコストでものをつくることができるからそうしてしまう。これが負の外部性による市場の失敗ということです。

企業に勝手に自由な経済活動をやらせていると、コスト削減のためにこんなひどいことが起きてしまう。だから政府が大気汚染防止法や水質汚濁防止法などの法律をつくって規制をし、企業が勝手なことをできないようにすることも必要なのです。

温室効果ガスの排出が地球温暖化を加速させて、自然災害が多発しているのも、世界中に経済的な損害をもたらしているのも、「負の外部性」です。気候変動に関する国際的な枠組み「パリ協定」が掲げている「世界の平均気温の上昇を産業革命前に比

外部性

ある経済主体の行動が市場を通さず他の経済主体に影響を与えることを指す。

べて1・5度に抑える」という努力目標に向けて、各国が協力して努力することも大事なんですね。

市場の失敗3――情報の非対称性

さらに市場の失敗には**「情報の非対称性」**によるものがあります。対称ではない、つまりお互いに同等の立場ではないということです。アメリカではかつて中古車市場でよく見られた現象です。新車に不良品はあまりないですよね。もし新車で欠陥が見つかれば、リコール制度により無料で取り替えるというしくみがあります。しかし中古車の場合、前の持ち主が丁寧に使って新車同然の状態の中古車なのか、事故車を中古車販売店が外側だけきれいに直して売っているものなのか、見た目ではわからないですね。素人にはなかなか判断できません。買い手にはわからない。でも売る側はわかっている。そのために取引がなかなか成立しない。これが情報の非対称性による市場の失敗です。

この車はそもそも買っても大丈夫かどうかということを、情報をあまり持っていな

公害は市場の失敗

1950年代から70年代の初め、日本各地で公害が次々と発生しました。熊本県水俣市では、チッソという会社が工場から出す排水の中に有害物質が混ざっていたことによって、大勢の人が病気になりました。

また、石油化学コンビナートが立ち並ぶ三重県四日市市では、有害ガスが大気中に放出され、市民とくに子どもたちがぜんそくになるということが起きました。この公害は、外部性による市場の失敗によるものなのです。

い消費者は一生懸命に類推します。その中古車販売店がしっかりとした建物を建てて、たくさんの投資をして大々的にお店をやっているのだということがわかれば、少なくともある程度は信用できますよね。とんでもない欠陥品を売って評判が悪くなったら潰れてしまうわけですから、これだけの投資をして営業しているのだから、大丈夫なのかなと思いますね。

逆に言えば、すぐにでも店を畳んで逃げられるような店構えで中古車を安く売っていたら、ちょっと待てよ、ということになります。そこで情報の非対称性という問題がある場合、消費者を守るという法規制が必要になってくるわけです。

日本の場合には**消費者庁**という役所があります。また、それぞれの地方自治体には消費生活センターというのがあって、消費者からのさまざまな訴えに応える消費者行政が成り立っています。消費者への情報が十分ではない、非対称性がある、それを何とか保護してあげましょうというしくみがあるのです。

情報の非対称性

経済主体の間に、情報格差が発生している状態。

●**消費者庁**

消費者を不良品や食品の表示偽装などから守るため、複数の省庁から業務を移した行政組織で、2009年に発足した。

［補足講義］

レモンが市場を破壊する 5

アダム・スミスの「見えざる手」がうまく働くには、いくつか前提条件があります。その一つが市場で取引されるモノやサービスについての内容や特徴などについての情報が完全であることです。ところが、実際には、消費者がすべてを知るのは難しい。入手する情報の不完全さが取引のトラブルを招くことも多いのです。とりわけ、商品などの取引を行う当事者の一方が情報を握り、相手は知らないという「情報の非対称性（情報の偏在）」という状況がしばしば起きます。この不完全情報、非対称情報のもとでの市場経済を分析する新しい経済学が発展し、多くの経済問題の解決策を提供しています。

この分野を確立した代表的な論文がジョージ・アカロフの「レモン市場　質の不確実性と市場メカニズム」（1970年）です。こうした経済分析などへの貢献で、アカロフは2001年、マイケル・スペンス、ジョセフ・スティグリッツとともにノーベル経済学賞を受賞しました。

米国の中古車市場を分析した論文のタイトルは、欠陥車を「レモン」と呼ぶことからきています。車の売り手は、欠陥（酸っぱさ）をよく知っているが、買い手は皮の厚い外見（色や香り）しかわからず、中身、品質を見分けることが難しい。情報が隠れているために、買い手の無知につけ込んで悪質な商品ばかりが増えてしまう。この現象を「逆選択」と言います。「レモンの原理」が働いて欠陥車ばかりが出回ってしまうと、まともな取引ができなくなり、極端な場合、市場そのものが消えてしまいます。保険や融資などでも似た現象が起きます。政府による新たなしくみの提供など、「逆選択」を防ぐ工夫も考えられています。

経済学は時代の処方箋である

いまの資本主義経済は、市場の失敗をカバーしながら成り立っているということになります。このように考えると、経済学というのは役に立つんだということがわかりますよね。国や政府が勝手な規制をすると経済が発展しない、余計な規制はやめる必要があるということが経済学によって解明できた。でも、それでやってみたら、市場の失敗が起こることもまた経済学でわかる。このように経済学は試行錯誤を繰り返すという部分があります。ある時点ではこの経済学の理論でうまくいくと思ってやってみたけれど、時代が変わってそれではうまくいかなくなることがある。そのための新しい規制をつくる、あるいはそれをうまく説明する新しい経済学の理論が生ま

経済学は試行錯誤の繰り返しです

れてくるということです。

経済学というのはそのときそのときの対策としての処方箋を書きます。状況に応じて新しい経済学者が新しい処方箋を書くということを、繰り返してきたのです。そういう意味では、経済学というのは物理学や化学とは違います。物理の法則というのは、その法則がきちんと見つかれば、その法則に基づいてロケットを打ち上げることもできます。しかし経済は、結局は生身の人間を相手にしているわけです。経済学では**合理的経済人**を想定していますが、実際、生身の人間はそのとおりにはいかない。だからうまくいっていた経済学もやがてうまくいかなくなることがある、じゃあまた新しい経済学をと、この繰り返し、それが経済学の歴史なんだということです。

Q

Question

復習問題3

左記の文章が正しいかどうか、○か×で答えましょう。

第1問 重商主義とは輸入を重んじる考え方である。

第2問 分業は人間的な労働を分解してしまうとアダム・スミスは考えた。

第3問 輸出を伸ばして国の富を増やすため、輸出奨励金を企業に払うのは合理的な政策だとアダム・スミスは考えた。

第4問 「見えざる手」とは、神によって経済が動くことを意味する。

第5問 アダム・スミスが『国富論』で定義した富とは**3**である。
1 労働力　**2** 貴金属　**3** 消費財

＊答えは256〜257ページにあります

Chapter.4

「資本主義は失業者を生み出す」

――マルクス

失業者が生まれ、格差が広がっていく現代の日本。
社会主義の生みの親であるマルクスは、
「資本主義経済は失業者を生み出す」と予言しました。
一方、旧ソ連や中国などの社会主義国では、
経済体制の見直しが進められてきました。

POINT

カール・マルクスの『資本論』とは？

— 1 —

資本主義への疑問を提示したのがマルクスの「資本論」。

— 2 —

賃金の値段は、生活するために必要な「再生産費」がもとになっている。

— 3 —

格差を生み出す資本主義に対抗して、平等な社会を目指す共産主義革命が起きた。

巨大資本家はこうしてその数を減らしながら、この変容過程がもたらすいっさいの利益を奪い取り、独占していくのだが、それとともに巨大な貧困が、抑圧が、そして隷従と堕落と搾取が激しくなる（『資本論』より）

社会主義の父、カール・マルクス

前回は近代経済学の父と言われたアダム・スミスの考え方を取り上げました。アダム・スミスは、市場＝マーケットが需要と供給によって値段を決める、余計なことをしないで市場に任せておけば経済は発展するのだという理論を打ち立てました。しかし本当に資本主義経済はうまくいくのだろうか、さまざまな問題を引き起こしたのではないか。ヨーロッパ、とりわけイギリスの労働者の悲惨な状況を目にして、資本主義は間違っている、これを何とかしなければならないと、新しい経済理論を打ち立てたのが、**カール・マルクス**です。

マルクスは、1818年5月5日、まだドイツという国ができる前のプロイセンに生まれました。父親が弁護士だったこともあって、自分も弁護士になろうと大学の法学部に進むのですが、ドイツの哲学者・ヘーゲルの哲学に傾倒して哲学の道に入ってしまうんですね。そこから、資本主義をひっくり返そうではないか、共産主義の世界をつくり出すべきではないかという**共産主義運動**をするようになり、当時のヨーロッパ各国の当局からにらまれて、転々と逃げ回ります。最後はイギリスに亡命し、ロンドンの大英図書館に毎日通いつめて膨大な本を読みながら経済の勉強をし、経済学の本を書き上げました。それが『資本論』第1巻です。

写真：GRANGER／時事通信フォト

カール・マルクス
Karl Heinrich Marx
(1818～1883)

ドイツの経済学者、哲学者。資本主義経済を分析、批判し、マルクス主義を創始。主著に『資本論』。

派遣切りがきっかけとなったマルクスの再評価

マルクスは社会主義を打ち出した人物です。彼の理論によって、ソビエト社会主義共和国連邦をはじめ、中国、北朝鮮、ベトナム、キューバといった多数の社会主義の国が生まれました。しかしソ連が崩壊し、東ヨーロッパの国々も次々と社会主義を放棄しました。その結果、マルクスは死んだ、マルクスの『資本論』は時代遅れだということになり、いまでは日本の大学でもマルクス経済学を教えている先生は非常に少なくなりました。

マルクスが書いた『資本論』は、第二次世界大戦前から日本語訳が出版されていましたが、戦後は日本語訳が何種類も出て、非常に売れました。昔はベストセラーとしてどこの本屋にも必ず置いてあったのですが、しばらく見当たらない状態になっていました。

ところが2008年、アメリカでリーマン・ブラザーズが倒産して以来、世界を**リーマン・ショック**というのが襲いましたね。日本では企業の派遣切りが相次ぎました。派遣労働者には解雇という概念はありません。正社員なら会社が正式に採用し、辞めてもらう場合は解雇ということになるのですが、派遣労働者は1か月単位あるいは1週間単位で働いてくださいねというかたちで働き、「あなたの仕事は明日で終わりで

●リーマン・ショック
2008年8月、世界有数の投資銀行である米国のリーマン＝ブラザーズの破綻(はたん)から起きた世界的な不況。

●年越し派遣村
2008年の年末から2009年の年始にかけて、派遣契約の解除などで突然仕事や住居を失った人たちを支援しようと、労働組合や市民団体などからなる実行委員会が東京の日比谷公園に簡易宿泊所を設置、炊き出しや生活・職業などの相談が行われた。

すからね」という一言で突然仕事を失い、住んでいた場所からも追い出されます。

その年、派遣切りは大きな社会問題になり、年末には東京の日比谷公園に「**年越し派遣村**」ができました。住む場所もない、食べるものもない人たちが大勢、日比谷公園に設けられた派遣村に避難する事態になりました。これが本当に21世紀の日本だろうか…という光景が繰り広げられたのです。

これをきっかけに、マルクスが『資本論』の中で予言した労働者の状態が、いま再現されているのではないかと考える人も出て、マルクスの再評価が始まりました。

マルクスを支えた親友エンゲルス

マルクスが『資本論』を執筆し、働かないで研究に専念するための生活費は誰が出していたのかというと、**エンゲルス**というマルクスの親友です。そのマルクスとエンゲルスの思想を合わせてマルクス・エンゲルス思想と言ったりします。

エンゲルスはお金持ちの息子で、父親が大きな工場を経営していました。マルクスと一緒に共産主義運動に取り組んでいたのですが、親の仕事を継がなければいけないことになり、工場の経営者になります。稼いだお金をマルクスにせっせと仕送りして、マルクスが研究に専念するための生活費の面倒をみていたのです。マルクスの研究も、エンゲルスという親友がいたからこそ成り立っていたということなんですね。

写真：SPUTNIK／時事通信

フリードリヒ・エンゲルス
Friedrich Engels
（1820 ～ 1895）

ドイツの社会主義哲学者。マルクスとの共著で『共産党宣言』（1848年）を出版。後半の人生をマルクスの著作の編集と翻訳に費やした。

マルクスは『資本論』の第1巻を書いたあと、第2巻、第3巻については途中まで書いた段階で亡くなります。死後、エンゲルスがマルクスの遺志を継いで第2巻、第3巻を完成させています。ですから『資本論』を読みますと第1巻と第2巻・3巻でまったく文章が違います。1巻はかなり文学的な表現が見られ、マルクスの個性が出ている本なのですが、2巻・3巻はマルクスがとりあえずメモにして残したものをエンゲルスが忠実に文章にしたものなので、無味乾燥なという言い方はよくないかもしれませんが、いわゆる文学的な表現などが入っていないんですね。

ただし、マルクスが資本主義とは一体どんな経済制度なんだろうかと分析したのは第1巻なので、とりあえず第1巻に目を通しておけばマルクスの考え方はわかります。ただ、これは大変難しい本です。私も学生時代、一

派遣労働者の給料は物件費?

企業に正式な社員として入ると、そこで支払われる給料は会社の経費でいうと「人件費」という扱いになります。これがパートやアルバイト、派遣労働者だと、人件費でなく「物件費」という扱いになります。物件費というのは文房具代と同じなんですね。ものと同じ費用の扱いですから、仕事がなくなったから来月から来なくていいからね、でおしまいになってしまう。そういう不安定な労働者がなぜ大量に生まれることになるのか、それをマルクスの思想を通して考えていきましょう。

応経済学部だったので、これくらい読まなければいけないと思って挑戦して挫折しました。何を言っているかちんぷんかんぷんだったんですね。その後、ちゃんと読み通すことができましたが、なんだ、もっと簡単に書けばいいのにと文句を言いたくなるようなところがたくさんあります。

そこで今回は、私が一生懸命読み解いて、なんだ、そういうことだったのかと、わかったその内容を、皆さんにお伝えできればと思っています。

労働が富を生み出す――労働価値説

まず、そもそも世の中の「富」とは何でしょうか。アダム・スミスでも出てきましたよね。それは人間の労働、つまり私たちが働いたことによってさまざまな商品やサービスが生まれる。世の中に富が生まれる。労働こそが富を生み出しているのだという考え方、そこはアダム・スミスと同じです。こういう考え方を**「労働価値説」**と言います。労働によってあらゆる価値が生み出されているという考え方です。

マルクスもこの労働価値説を展開しています。資本家と呼ばれる人たちが労働者を雇って労働させる。労働者が労働することによって富が生まれ、財産が生まれ、お金が得られる。そのお金を蓄積していくことによって資本というものが生まれる。資本というのはお金の集まりであるとざっくり考えてください。たくさんのお金が集まれ

労働価値説
労働によってあらゆる
価値が生み出されている

ばそのお金でまた労働者を雇い、あるいは工場をつくり、また労働者に働かせて新しい富を生み出す、それがまた蓄積されて資本となり、資本家はどんどん大きくなっていくのです。

資本家と労働者

いったん資本家が会社を経営していくと、資本家に善意があろうとなかろうと、ライバル企業との激しい競争に打ち勝たないと自分の会社が潰れてしまう。そんなことになっては困るので、ひたすら利益を上げてライバルに打ち勝とうとします。その結果、労働者を低賃金で長時間働かせることになります。このように、資本家が大金持ちになっていく一方で、ひたすら働かされる労働者が生まれていく。

やがて資本家と労働者の激しい闘争が起きるようになり、多くの労働者が立ち上がって、ついには革命を起こし資本主義が崩壊する、ざっくり言ってしまうとこれがマルクスの『資本論』の考え方です。

ではどうしてそうなるのかを経済学的に分析していこうということなんですね。『資本論』の最初を読むと、いきなり「商品とは何か」という分析から始まります。

「資本制生産様式が君臨する社会では、社会の富は『巨大な商品の集合体』の姿をと

資本家は
大金持ちに
労働者は？

って現れ、ひとつひとつの商品はその富の要素形態として現れる。したがってわれわれの研究は商品の分析から始まる。」

何のことかよくわからないと思います。「したがって」と言われても、何がしたがってかちっともわからない文章ですね。「資本制生産様式が君臨する社会では」というのは、いまの資本主義の世の中ではという意味にすぎません。「社会の富は『巨大な商品の集合体』の姿をとって現れ、ひとつひとつの商品はその富の要素形態として現れる」。これもわかりにくいですね。私たちの身の回りを見渡すといろいろな商品がありますが、ありとあらゆる商品には値段がついている。考えてみれば資本主義の世の中では商品にみんな値段がついていて、その商品を私たちが買ったり売ったりすることによって経済が成り立っていますよね。つまり商品こそがこの社会をつくっている基礎になるんだ、だからその商品の分析から始めようと、そういう書き方をしているんです。

これを人体に置き換えてみると、私たちの体は37兆個の細胞から成り立っている、だったら私たちの体がどうなっているかを分析するためには、まず細胞の研究から始めよう、ということを言っているのと同じようなことですね。

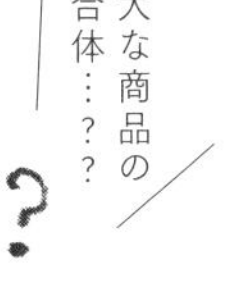

商品には2つの価値がある

では、その商品って何だろうか。たとえば、りんごとみかんがあるとします。りんごがいっぱいあって、食べているうちに飽きてきた。みかんが欲しいな、みかんをたくさん持っている人がいる、じゃありんごとみかんを交換しようよと言って交換する。あるいは自分のところに鉛筆がいっぱいあるけれども消しゴムがない、一方知り合いは消しゴムがいっぱいあるが鉛筆がなくて困っている、じゃあ鉛筆と消しゴムを交換しようか、そのとき鉛筆何本と消しゴムいくつを交換すればいいかという、さまざまな交換が起きてくる。でもどうして交換ができるのでしょう?

マルクスによれば、商品には2つの価値があると考えるんですね。まずは**使用価値**。つまり、使って役に立つという価値を持っているということです。ボールペンは字を書くという使用価値を持っている。あるいはりんごでもみかんでも、食べればおいしくて栄養をとることができるという意味で、使用価値があります。商品にはいずれも使用価値がある。

その一方で、りんごとみかんを交換する、鉛筆と消しゴムを交換するという、**交換価値**というのもあります。じゃあ、なぜ交換することができるのか。それは使用価値があるからでしょう。使用価値があるから交換価値も生まれるということになります。

交換価値
ものとものを交換することができる価値

使用価値
使って役に立つという価値

商品の交換価値は労働力によって決まる

こうしてものを交換していくわけですが、りんごとみかんでは使用価値が違いますよね。あるいは鉛筆と消しゴムも使用価値はそもそも違うものです。でもそれが一定の割合で交換できるということは、**その交換価値の中に何か共通のものが含まれているのではないか**とマルクスは考えたんですね。

さまざまな商品を、どのくらいの比率で交換するのか。たとえば鉛筆2本と消しゴム1個で交換ができるとするならば、消しゴムには鉛筆の2倍の交換価値があるに違いない。じゃあその交換価値にどんな共通のものが入っていることによって交換できるのでしょうか。

鉛筆2本を消しゴム1個と交換できるならば、消しゴム1個つくるあいだに鉛筆は2本つくれるだろう、だから交換できるのだろうと考えるわけです。つまり、**同じ労働力の量が含まれている商品同士だから交換できるのだ**とマルクスは考えました。

「**交換価値**」**の価値の基本になっているもの**、**それは労働力**なんだというふうに考えたわけですね。なんと言っても労働価値説、労働があってこそいろいろな富が生まれるわけですから、労働力によって価値が生まれてい

含まれている労働力の量が同じ

1時間で1個生産　　1時間で2本生産

るのだと考えました。

資本家の経済活動

「資本家」とは、資本をお金の集まりだと考えると、お金を持っている人のことです。でも、ただお金を持っているだけの人は資本家とは言いません。それは単なる財産家、大金持ちということになります。経済学における資本家というのは、持っているお金を何か新しいことに使って増やそうとする人たちのことを言います。持っているお金あるいは財産を増やそうとさまざまな仕事を始める、新しい事業を始めようとする人が、経済学でいう資本家ということになります。

では資本家が新しくTシャツをつくる事業を始めるとします。Tシャツをつくるためには、工場を建てなければいけない。工場のさまざまな設備、部品を買いますね。それをいくらで買いますか。

マルクスはその部品をつくるのに投じられた労働力の量によって値段が決まると考えました。さらに原材料として綿を買う。綿の値段はどうやって決まっているのか。その綿をつくるのに投じられた労働力の量によって決まっているということですよね。ということは、資本家はTシャツをつくるために必要なものを、その本来の値段でちゃんと買っているということになります。それこそ需要と供給で決まる正当な価格で

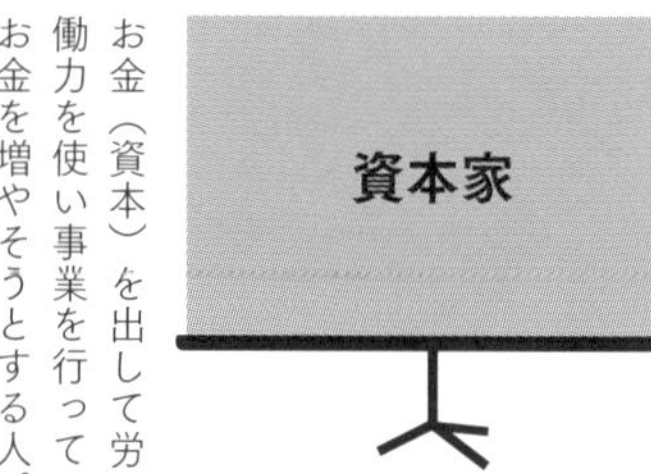

お金（資本）を出して労働力を使い事業を行ってお金を増やそうとする人。

買っているわけですね。

資本家と労働者の関係は対等なはずである

今度は労働者を雇うことになります。あなたの給料はこれだけですよと提示して労働者を採用する。その会社に就職するかしないかは、労働者の自由です。就職したいと言っても就職できないことはありますが、この工場で働いてくれませんかと言われても嫌ですと断る権利は持っているわけです。いいですよと働く以上、本人が納得して働いていることになります。

そのときに労働者に支払われる賃金は、**労働力の価値**ということになります。Tシャツをつくるための工場の機械設備を買ったときも、その機械設備をつくるときに投じられた

労働力に応じた値段で買いました。じゃあ労働者を雇うときにはどうなのか。その労働者が労働力を提供する、つまりその労働力の価値の分だけお金を払っていると、こういうふうにマルクスは考えたんですね。

労働者が資本家の下、つまり企業で働くときには契約を結びます。たとえばあなたが会社で正式な社員として採用されたときには、雇用条件などの契約を会社との間で結び、契約書にサインします。つまり会社と対等な立場で働くことになるんですね。本当のところ対等かというとこれはまた別の問題ですが。一応法律上は、きちんと契約を結び、簡単には解雇されないかたちで企業で働きます。企業と労働者は対等な立場で契約を結ぶことになっているわけですね。ですから労働者が工場で働くときも、奴隷として働かされるわけではない、きちんと正当な給料を受け取って働いているということになります。

なぜ利益は生まれるのか？

資本家が工場をつくり、機械を買い、原材料を仕入れ、労働者を雇って商品をつくりました。Tシャツを売ります。その売り上げは、さまざまな原材料を合わせた合計よりも多くなくてはなりません。そうでなければ企業は潰れてしまいます。そこで利益が生まれます。

利益の生まれるしくみを見てみましょう。工場経営者、資本家が工場の設備をつくり、原材料を仕入れ、労働者に給料を払って働かせ、そして利益が出る。経済学的に言うと**利潤**という言い方をしますが、要するに儲けです。この利益は誰がつくり出したものでしょうか。工場の設備だろうか、材料だろうか。いや、労働力だろう。労働者が働いたからこそ、これだけの利益が生まれるんだろうとマルクスは考えたわけですね。

資本家が労働者を雇って働かせることによって、新しい利益が生まれます。対等な立場で労働者を雇って、労働力の分だけのお金を払っていながら、利益を生み出した。こうやって資本家がこの利益をまた投資して、さらに原材料を買い、労働者を雇い、企業はどんどん大きくなっていく。労働者の労働によって生まれたこの利潤こそが資本主義を大きくしてきたものだと、マルクスは考えました。

労働力の値段は労働力の再生産費である

では、その労働者に払う賃金は、どうやって決まるのだろう。これは**労働者の値段**ですよね。工場の設備の値段は、その設備をつくるのに投じられた労働力の価値です。綿などの原材料は、原材料をつくり出すのに投じられた労働力によって生まれている。そこに値段がつく。では労働者の労働力というのはどうやって生まれているのでしょ

利潤
売り上げから経費を
差し引いた利益のこと

うか。

労働力の再生産費という考え方があります。労働者が、たとえば朝9時から夕方5時まで働いた、終わってくたくたになって帰った、でも翌日また元気に会社に来て、また働く。一晩のうちに元気が戻っていますね。これが労働力の再生産です。その労働力の再生産のために必要な費用＝労働力の再生産費、これが労働者の値段なのだとマルクスは考えたんですね。

つまり、正当な売買として労働者を雇い、一定の時間ここで働いてくださいという契約を結び、労働者が働いて、その労働者に払う給料以上の新しい富・財産を生む。これが人間の労働力なんだとマルクスは言います。労働力の再生産費をきちんと払っているけれど、労働者は労働によってそれ以上の財産を生み出す、こういう考え方です。

ではその労働力の再生産費とは何か。まず食費があります。夜食べて寝て、翌朝また食べる、それによって元気がよみがえりますね。それからきちんと睡眠をとれる場所が必要です。アパート代だったり、あるいはマイホームを建てたりする費用ですね。これらの費用が労働力の再生産費ということです。

独身だと、この労働力の再生産費はそれほど高いものではありませんが、やがて結婚して子どもが生まれるとなると、今度は子どもの養育費がかかりますね。その子どもがやがて大きくなってまた労働者になる以上、ちゃんと育てなければ労働力を再生

労働力の再生産費

労働力を再生産するために必要な費用。食費や家賃といった生活費、子どもの養育費など。

睡眠をとる

食事をとる

賃金
＝
労働力の再生産費

仕事をする

遊ぶ

労働者の賃金＝労働力を再生産するための費用です

産することにならない。だから、その分も労働力の再生産費として払うということになります。新入社員は給料が安いですよね。これが家庭を持って子どもが大きくなってくると給料も増えてくるというのは、労働力の再生産費が次第に上がってくることなんだとわかると思います。

資本家は労働者を「搾取」している

こうして、労働力を購入することによって資本家が財産を増やしていく。これが資本主義のメカニズムだとマルクスは考えました。労働者は正当な給料をもらって働いている。その結果大きな財産を生み出し、それが資本家のものになっていくわけです。マルクスは、資本家が労働者を働かせて払った労働賃金以上の利益が生まれるのは、これはつまり、資本家が労働者を**搾取**しているのだと考えました。搾取の「搾」は搾（しぼ）るという意味ですね。搾り取るということです。

では搾取は一体どのくらいされているのか、労働時間で考えてみましょう。マルクスの時代は労働条件がとても悪かったので、13時間、14時間働かせるのはごく当たり前のことでしたが、現代のこととして、労働時間が8時間だと考えます。とりあえず労働者を働かせて資本家が生み出した新しい価値があるとしましょう。この中には**「必要労働」**と**「剰余労働」**があると考えます。労働者が働いて利益が生まれますが、そ

労働賃金以上の利益を資本家が無償で取得すること。

利益はどのようにして生まれているのか

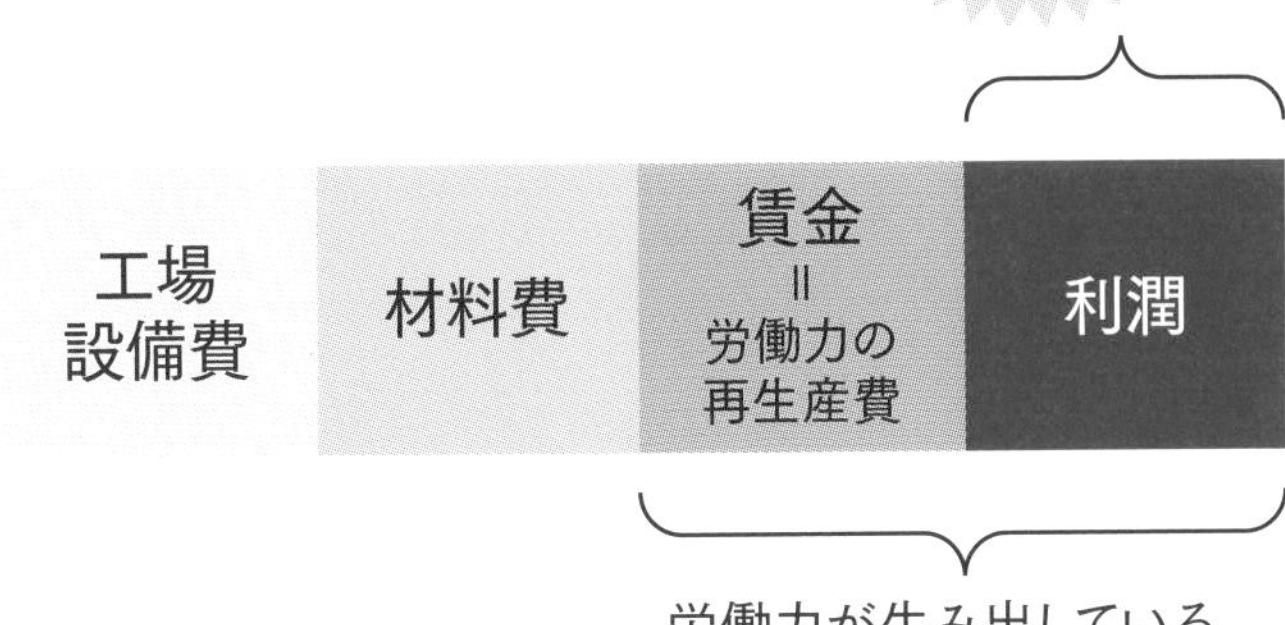

の利益のかなりの部分は労働者への給料として支払われますね。これが「必要労働」になります。必要労働時間によって生み出された価値の部分は労働者への給料として支払われます。一方、労働者が働くことによって新しく生み出した価値の部分があります。これが「剰余労働」ということになります。

最初に8時間なら8時間働いてくださいねと決めます。たとえば必要労働時間が6時間だとしましょう。8時間のうち6時間働くことによって給料分は稼ぐことができた。残り2時間が資本家に利益をもたらす剰余労働だとしましょう。資本家は何とか利益を上げなければいけませんね。ほかにライバルがいなければ、そこそこの利益が上がっていればそれでいいやということになるかもしれません

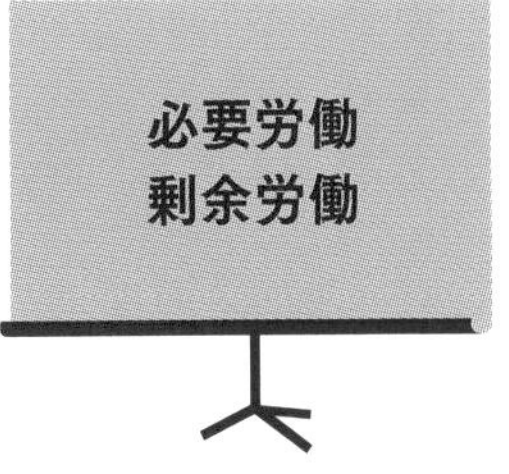

必要労働の価値は労働力の再生産のために賃金として支払われる。労働者がこれを超えた剰余労働を行うことで、剰余価値をつくり出す。

=
資本家の
利潤

=
労働者への
給料

が、ライバル会社がTシャツを安い値段で大量に売り出したとします。それに対抗するためにはもっと工場を増やし、大勢の労働者を雇って大量生産をしてコストを下げ、安い値段でTシャツをつくり出さなければ競争に打ち勝つことができません。そのままでは会社は潰れてしまいます。資本家は利益をもっと上げて、その利益で工場を大きくしなければいけないという気にさせられます。そのためにはどうするか。利益をもっと上げるために剰余労働の時間を増やす必要があるということです。

絶対的剰余価値と相対的剰余価値

剰余労働を増やすいちばん単純なやり方は、労働者の労働時間を長くすることです。給料はそのままで剰余労働時間を2時間増やします。そうすれば支払いのお金は変わらないまま利益は増えます。これを**「絶対的剰余価値」**と言います。

資本家は労働者を長時間働かせることによって儲けようと、ついそういう気持ちになってしまう。これによって労働者の労働時間はどんどん延びてしまうということになります。19世紀のイギリスでは本当にそういうことがありました。法律的に何らかの基準を設けないと、どうしても労働者は長時間働かされてしまう。

もう一つ別のやり方もあります。それは、労働時間は増やしません。8時間労働は変わりませんが、その代わり必要労働時間を減らします。たとえばこれを5時間にす

絶対的剰余価値
相対的剰余価値

絶対的剰余価値は労働時間を増やすことで生み出され、相対的剰余価値は労働時間はそのままで必要労働時間を短縮することで生み出される。

れば、全体の労働時間は変わらないわけですから、剰余労働時間は3時間になる、こういうやり方もあります。必要労働時間を減らすことによって剰余価値を生み出す、これを**「相対的剰余価値」**と言います。

労働時間を増やさずに剰余労働を増やす？

相対的な剰余価値を生み出すにはどうしたらいいか。そのためには労働の生産性を高めればいいわけです。一定の数のTシャツをつくるために必要な労働時間を減らす、たとえば新しい機械を入れてスピードアップしてTシャツをつくることができれば、より剰余価値が増えてくる。労働者に同じ時間働かせながらこれまで以上の数をつくれるわけですから、その分利益が上がります。だから工場は生産性を上げよう、労働生産性を高めようと一生懸命やるわけですね。

もう一つやり方があります。労働力の再生産費を切り下げればいいんです。労働者の元気を取り戻すための費用を安くできれば、労働力の再生産費を減らすことができる、つまり給料を減らすことができます。労働力の再生産費、つまり生活費が前より安くて済むような環境をつくってあげれば、これまでより安い給料で労働者を働かせることができる。これが相対的な剰余価値の生産ということです。

たとえばあなたが働いているとしましょう。夜仕事が終わりました、これまではレストランでゆっくり食事をしてちょっとしたブランドものを着て生活していたのが、吉野家や松屋の牛丼を食べてお腹を膨らませることができて、ブランドものの服ではなくてユニクロの服を買えば、生活費は前より安くなる。つまり労働力の再生産費を安くすることができます。

資本主義経済全体でさまざまな企業がとにかく安い服をつくろう、食べものを安く買えるようにしよう、と努力します。**それが結果的に労働力の再生産費を下げることになり、給料を減らすことができ、それだけ資本家の取り分が増えていくことになる。**これがマルクスの理論だということですね。それぞれの企業が一生懸命努力することによって、私たちは昔に比べるとかなり安上がりの生活ができるようになる。そうすると給料が安くても生活できるようになってくる、ということな

んですね。

資本主義経済は格差社会を生むと考えた

資本家にしてみれば、労働者が安い給料でも働きますよというかたちにもっていくのがいちばんいいですよね。そのためには必要労働時間をどんどん減らす、そのためにこれまで人間がやっていたものをどんどん機械に切り替えていくことによって、労働生産性を高める。

このように機械化をすることで労働生産性を高めると、労働者の数が前ほど必要ではなくなります。こうやって必要な労働者の数を余らせることで相対的な剰余価値を生み出すというやり方があります。つまり**過剰労働人口**を生み出すんですね。あなたは過剰だよと言われ、会社をやめてもらうという人たちが次々に生まれてくる。マルクスはこの過剰労働人口を**産業予備軍**と呼びました。産業予備軍ということは、会社をやめてもらうけれども、もし労働力が不足したときには応援に入ってくれませんかと、そういう立場になる人です。これを私たちの普通の言葉でいえば**失業者**ということになります。

資本主義経済のもとでは、企業は労働者を少しでも安い給料で採用したい。そのためには大量の失業者が出るように仕向けていけばいい。失業者にしてみれば何とか働きたいから、安い給料でも働かせてもらおうとする。あえて産業予備軍をつくり出す

産業予備軍

労働力が不足したときに働いてもらう失業者のこと。

剰余価値を生み出すしくみ

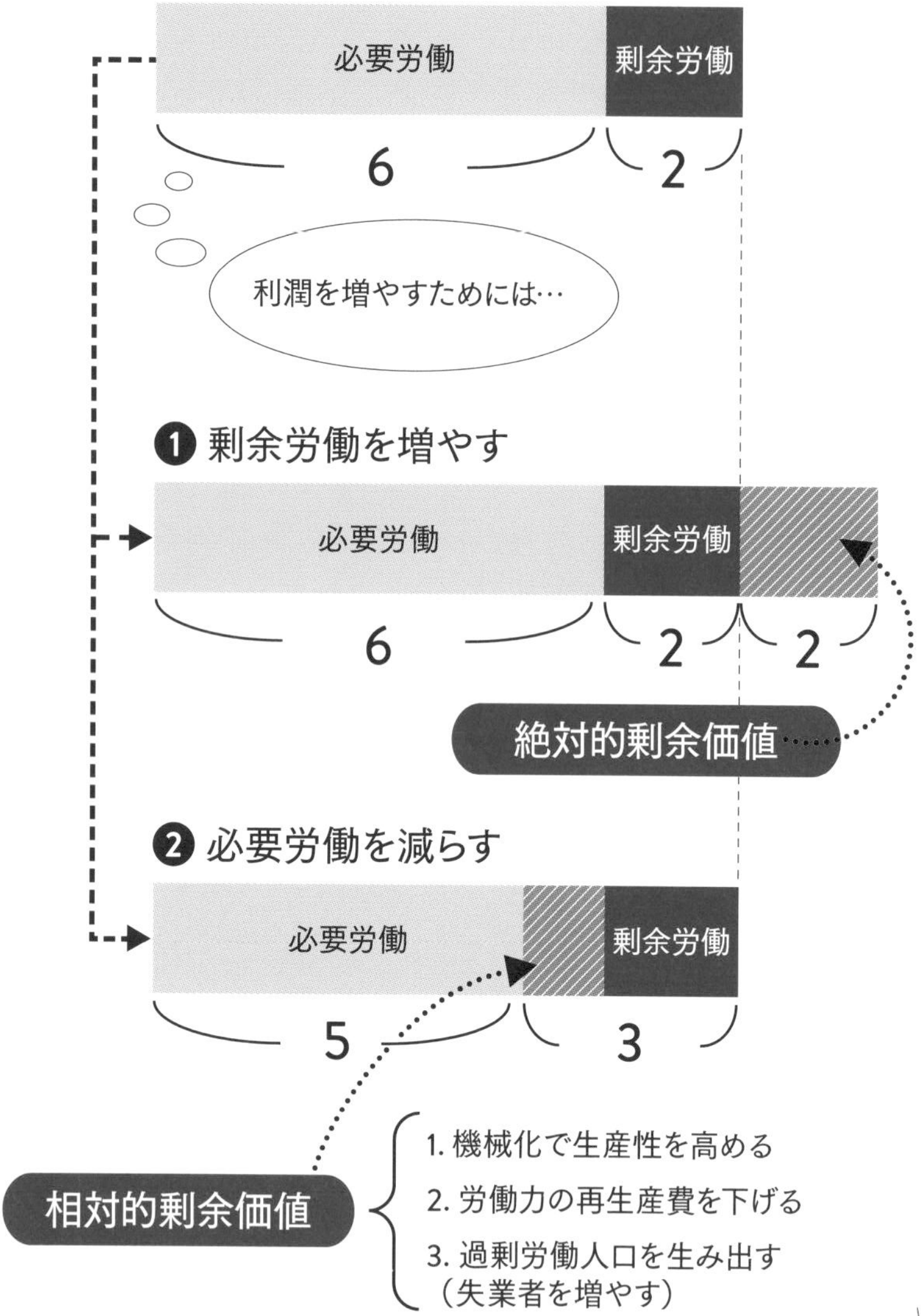

必要労働 | 剰余労働
6 | 2

利潤を増やすためには…

❶ 剰余労働を増やす

必要労働 | 剰余労働 | (増加分)
6 | 2 | 2

絶対的剰余価値

❷ 必要労働を減らす

必要労働 | (減少分) | 剰余労働
5 | 3

相対的剰余価値

1. 機械化で生産性を高める
2. 労働力の再生産費を下げる
3. 過剰労働人口を生み出す（失業者を増やす）

資本主義経済は格差社会を生むとマルクスは考えました

ことによって、労働者に支払う給料のコストを下げることができる。マルクスはこのように資本主義経済を分析しました。

資本家がこうしてどんどん安い給料で大勢の人を働かせることによって、資本家のもとにはたくさんの**資本が蓄積**されます。一方で、失業者がどんどん増えてきます。その結果、失業者には**窮乏の蓄積**がされます。窮乏、つまり貧困です。資本主義経済においては、お金持ちはどんどんお金持ちになり、貧しい人はどんどん貧しくなり、貧しい人がどんどん増えていく。これこそまさに**格差社会**ですよね。

資本主義経済とはこういうものなんだとマルクスは考えました。

労働者たちが革命を起こす

資本主義経済は失業者を大量に生み、その人たちは不満を持ちます。そして世の中こんなことでいいんだろうかと怒りを持つようになり、この世の中をひっくり返そうじゃないかと思う人たちが大勢生まれます。一方、失業はしないけれど工場で働かされている労働者にしてみるとどうでしょうか。どんどん人減らしが進むことによって、結果的に少数の労働者が働くようになりますね。少数精鋭になっていきます。この少数の労働者は前よりも能力が高まっていくんですね。

マルクスは資本主義をまったくの悪とは書いていないんです。労働者の数が減った

り、あるいは高度な仕事をしなければいけないことになったりして、労働者の能力も高まっていくと書いているんですね。工場で大勢の人が働くと組織された労働力となります。みんなで協力して仕事をするようになり、その職場の中でリーダーが生まれて、そのリーダーのもとで労働者が組織化されていく。しかしこの労働者たちは資本家によって搾取されているんだという自覚を持つようになる。

やがて、貧困にあえぐ失業者と、資本家のもとで能力が高められて組織力を持った労働者が一体となって革命を起こす。これによって資本主義がひっくり返ってしまう、これがマルクスの理論です。資本主義の最後がくるときはこんな言い方になっています。難しい文章ですが一部を省略しながらざっと読んでみます。

「少数の資本家による多数の資本家の財産収奪と並行して、労働プロセスにおける協同作業の形態が、たえず進んだ段階へと発展していく。（中略）巨大資本家はこうしてその数を減らしながら、この変容過程がもたらすいっさいの利益を奪い取り、独占していくのだが、それとともに巨大な貧困が、抑圧が、そして隷従と堕落と搾取が激しくなる。だがまた、資本制生産過程のメカニズムを通じて訓練され、統合され、組織化され、増加する一方の労働者階級の憤激も激しくなる。（中略）資本制的私的所有の終わりを告げる鐘が鳴る。収奪者たちの私有財産が剝奪される。」

マルクスは
資本主義の終わりを
こう書いています

要するに、資本家の資本はどんどん蓄積され、一方では貧しい労働者たちがどんどん増えていく、それによって貧しい立場に置かれた人、あるいは資本家のもとで組織する高い能力を得た労働者たちが革命を起こし、資本家たちを追い出し、資本家たちの財産をすべて労働者のものにする、という言い方ですね。最後は「資本制的私的所有の終わりを告げる鐘が鳴る。収奪者たちの私有財産が剝奪される」。聖書を読んだことのある人にとっては、鐘が鳴り天使たちが現れるという、「最後の審判」とイメージが重なる表現です。聖書の中では、この世界にはやがて終わりが来て、人々はすべて最後の審判に引き出されるという表現があります。

マルクスの親はユダヤ人で、マルクスが生まれたあとユダヤ教からキリスト教に改宗するのですが、ユダヤ教でもキリスト教でも旧約聖書は同じ正典ですよね。聖書の文化圏の中で育ったマルクスの文章表現というのは、キリスト教的な、あるいはユダヤ教的な考え方がベースにあるんだということがわかります。

社会主義国の誕生

マルクスの『資本論』を読み、そのとおりだなと思った人たちが、世界中で共産党という組織をつくり、共産主義運動をしていきます。ロシアではレーニンという革命家が社会主義革命を起こし、ソビエト社会主義共和国連邦という国ができました。中国では毛沢東率いる中国共産党が、社会主義国家である中華人民共和国を建国しました。北ベトナム、北朝鮮、そして東ヨーロッパ、さらにアフリカ各地に次々に社会主義の国が生まれていきました。東西冷戦時代、まだ社会主義が崩壊する前、多かれ少なかれマルクスの影響を受けた社会主義の国が世界中にたくさんありました。それだけマルクスの思想、考え方というのが世界的に大きな影響を与えたということです。

社会主義の国家は理想の社会を目指した

資本主義経済に**景気循環**はつきものです。供給よりも需要が多ければ景気がよくなる。景気がよくなれば、資本家が大量にものを生産する。どんどん生産して需要より供給のほうが増えすぎることによって、ものが売れなくなり、不況になる。これがさらに深刻になり、**恐慌**という極めて深刻な状態になると、失業者が街にあふれます。失業者が増え、供給能力が落ちてくることにより、やがて供給と需要のバランスがとれ、やがてまた需要が増えてくることによって景気がよくなる。これがやがてまた行きすぎる、ということを繰り返します。

マルクスの時代は定期的に恐慌が起きていました。そのたびに大勢の労働者が路頭に迷うという状態が続いていた。これではいけない、資本主義で自由な競争をやらせているとこんなことになる、だから革命を起こして労働者が資本家を追い出し、自分

恐慌
社会全体が深刻な
不況に見舞われること

需要の急減、生産過剰、株価暴落、物価下落、企業倒産、銀行の取り付け騒ぎなどが大規模に広がる。

たちで計画経済にしよう。社会主義計画経済の国家体制をとることによって、こんなことがないようにしよう。こういうふうに考えたんですね。ですから、社会主義国家をつくろうとした人たち自身は、理想の社会をつくろうとしたんです。

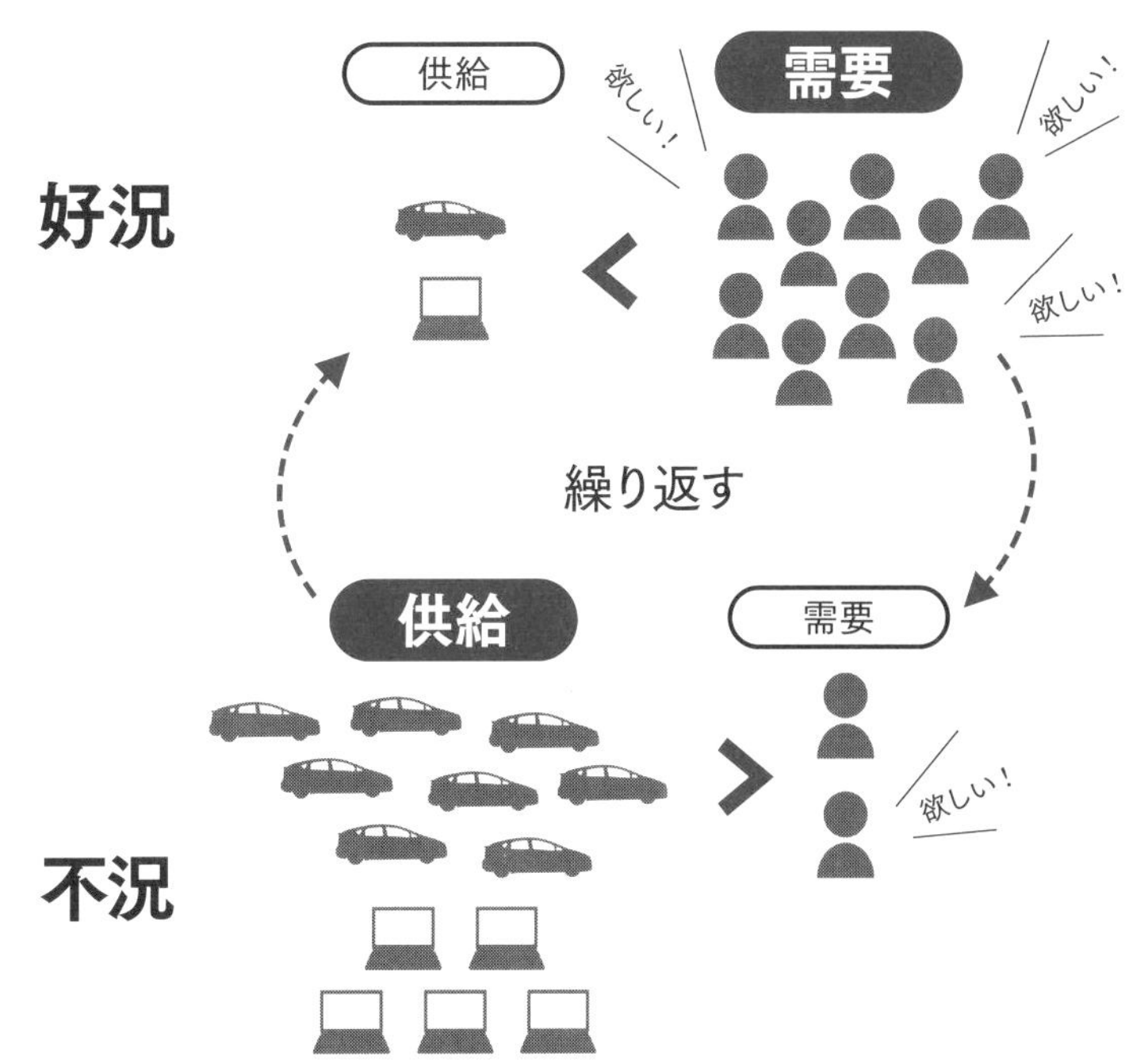

補足講義 6

社会主義と共産主義の違いは？

社会主義というのは「現実にある制度」で、共産主義は「将来の理想の社会」というふうに考えます。マルクスやレーニンの考え方では、労働者がいくら働いてもそれに見合った賃金がもらえていない、搾取されている、これが資本主義です。それに対して社会主義は、労働に応じて正当な賃金がもらえるようになる。共産主義になると、生産力がもっと発展して、必要に応じて好きなだけもらえるようになる。レーニンは、最終的にはたとえばトイレの便器は金でつくられることになるだろう、といった言い方もしています。

共産主義に発展すると、人々は大変豊かな暮らしができるようになる。そうなると国と国との争いごとはなくなるので、そもそも国家というものがなくなるだろうと考えました。よく〝共産主義国家〟という言い方がありますが、あれは形容矛盾で、おかしいんです。共産主義のもとでは国家は存在しないというのが建前ですから。社会主義のその先に国家がなくなった共産主義というユートピアがある、という考え方なのです。

実際の社会主義国家はうまくいかなかった

ところが実際に理想の社会をつくろうとしたら何が起きたか。すべては計画生産ですから、たとえばソ連（ソビエト社会主義共和国連邦）では、女性のブーツは来年何足つくると、あらかじめ計画を立てるわけですね。そのための原材料を仕入れるから、これだけのゴムが必要だということを決めます。すべて計画によって生産過程がコントロールされます。それだけのブーツが売り出される、それしか買うことができないわけですから、デザイン性などはまったく無視した、本当にダサいブーツしか店頭に並ばないということになる。そうすると、欲しくないから買わないという人が出てくる。それによって大量の売れ残りが出ます。資源の無駄遣いが起きるんですね。

たまにおしゃれなブーツが出ようものなら、あっという間に売り切れてしまいます。いつそれが売り出されるかわからないから、ソ連の国民は常に買い出し袋というものを持って町を歩いていました。どこかに行列ができると、何かいいものを売り出しているに違いない、何を売っているかわからないけれど、買っておこう、あるいは買ってみて自分はいらないということになっても人気があれば誰かに転売すれば儲かると考え、とりあえずその行列に並ぶ。

中には行列に並ぶのは面倒くさいな、行列の最後にいくまでに商品が全部売り切れてしまうかもしれない、と店員に賄賂を払って裏でこっそり手に入れる人が出てくる。すると世の中不公平だという不満が高まってくる。ソ連にしても中国にしても、こんな状態になったんですね。

さらには、資本家たちがやがて資本主義に戻そうとするに違いない、だから資本家たちの考え方が世の中に広まらないように言論を統制しようということになります。共産党が管理した言論だけが認められるようになり、自由な言論が抑圧され、共産党を批判する人たちは資本家の手先である、と捕まっていく、場合によっては処刑されるという状態が続きました。

自由競争がなくなり社会主義は崩壊していった

かつてドイツは東と西に分けられていました。そして東ドイツの中にあるベルリンがまた東西に分けられ、同じベルリンの町が「**ベルリンの壁**」によって遮断され、東ベルリンは社会主義で西ベルリンは資本主義という状態になっていたんですね。

壁のすぐ向こうには豊かな資本主義の経済がある。一方こちら側は言論の自由もない、表現の自由もない、商品はダサいものばかりという状態になっていく。この不満が高まってついにベルリンの壁が崩壊し、社会主義国が次々にひっくり返されていくということが起こりました。

●**ベルリンの壁**
1961年、旧東ドイツ政府が住民流出を防ぐために建設した。二重のコンクリート壁と有刺鉄線などによるこの壁は冷戦期の東西分断の象徴だったが、89年11月9日に国境検問所が解放され、翌日には東西ベルリン市民が殺到し壁を破壊した。

トラビが国境を越えてやってきた!

ベルリンの壁が崩壊し、東ドイツの国民が西ドイツにやってくるときに乗っていた自動車は、トラバント（写真）と言いました。外側を見ると一応鉄板でつくられているように見えますが、中ではあちこちで段ボールが部品として使われています。排気ガス規制などないですから、黒い煙をもうもうと出しました。

ただあまりに小さくてかわいいものですから、トラバントのことを「トラビ」の愛称で呼ぶファンが生まれました。いまでも、かつての東ドイツ地区や旧東欧の町を歩いていると、ときどきこの車を見かけます。うわぁ、ここにあったぞと思って私なんかは感激してしまうんですがね。

トラバント

社会主義国家は大変な後れをとってしまったんです

40年以上にわたり東西ドイツが分断されたことによって、東ドイツの生産技術がどうなっていったか。社会主義になるとすべてが国有企業になりました。自由な競争をさせると不況になり恐慌が起きてしまうからだめなんだと、計画生産をしました。そうなると競争というのがなくなってしまうんですね。たとえば自動車産業で言えば、激しい競争をすることによって新型車が次々と生まれ技術が発達したのですが、東ドイツにおいては新しい技術、新しい自動車をつくる意欲が、あるいはインセンティブ（誘因）と言いますか、その必要性がなくなったんですね。だから、東ドイツが社会主義になった最初の頃につくられていた自動車がずっとつくられ続けました。

よかれと思ってつくった社会主義の体制が、資本主義に対して大変な後れをとってしまったということなんです。その結果、マルクスの思想は時代遅れだよと否定された。

マルクスが資本主義を分析する限りにおいては、資本主義の問題点というのをかなり的確に指摘している部分があります。しかし、それを解決しようとしてつくった社会主義は大きな失敗に終わってしまいました。

ところが2008年のリーマン・ショック以降、失業者が街にあふれ、派遣切りが次々に起きた。マルクスが資本主義について描いたことと同じようなことが起きているのではないかということが、大きな問題になったんですね。このマルクスの思想を現代の私たちはどのように受け止めるのかというのが、一つの課題になるのだと思います。

中国の社会主義市場経済

ソ連という国は完全に崩壊して資本主義の国になりました。しかし中国は、共産党体制はそのままで、**社会主義市場経済**というやり方をとりました。不思議な体制です。中国は、あくまでも社会主義だよ、しかし市場経済を導入しましたよと言っています。市場経済ということは、それこそアダム・スミスが言ったところの、自由な取引、需要と供給によってすべては決まるという資本主義の経済体制をそのまま導入したんですね。

いまの中国では、北京や上海といった都市部の豊かな生活を目指して大勢の労働者が農村地帯からやってきて働いている。でも仕事がなくなったとたん、はい、君の仕事はないからねといって路上に放り出される。まさにマルクスが資本主義の害悪、資本主義のいちばんの問題点を描いた、そのままの状態が、いまの中国各地で見られるようになっています。

これが現代における『資本論』の位置です。マルクスはこのように資本主義の問題点を指摘した人物なんだということを知っておいてください。

社会主義市場経済

政治的には社会主義を維持しつつ、民間企業による商品・サービスの生産や販売を認めて、経済成長を図る経済体制。

［補足講義］

マルクスは死なず？

7

日本では第二次大戦後、マルクス経済学、いわゆる「マル経」が主要な地位にあり、多くの大学で正式な科目として教えられていたと聞くと、皆さんは驚くかもしれません。一時は、マル経が「近代経済学」と並んでいたのですが、1970年代あたりからで徐々に影響力をなくしていきました。89年にベルリンの壁が崩壊し、東西冷戦が終わり、東欧諸国、旧ソ連の崩壊が相次ぐと、学生が激減し、教員も減り、講座自体がなくなったり、「政治経済学」と名称変更したりして、ほとんど教えられなくなっています。いまの経済学教育の中心は、ミクロ経済学、マクロ経済学、計量経済学といった現代経済学です。時代の流れ、世界の動きによって、学問の位置づけも変わってくるということですね。

そんな流れもあり、マル経はとっくに滅びたと思っていたのですが、そうでもなかったのです。2008年に起きたリーマン・ショックによる世界的な金融危機、雇用情勢の悪化を経験し、資本主義が抱えるさまざまな問題に直面したことで、改めてマルクスの視点を見直す機運が内外で広がりました。さらに、地球環境を守る視点からも再評価の動きが出てきました。コロナ禍が拡大した2020年以降、「資本論」を冠した書籍が多数刊行されました。中でも『人新世の「資本論」』（斎藤幸平、集英社新書）は、環境危機への対処と経済格差の打破を訴えて、50万部を超えるベストセラーになりました。また、大学教育については、東京工業大学リベラルアーツ研究教育院が2022年４月から、「マルクス経済学」の講義を始めました。世界の社会主義国は数か国しか残っていませんが、社会の危機を直視した思想家マルクスの分析は、いまだに生きているようです。

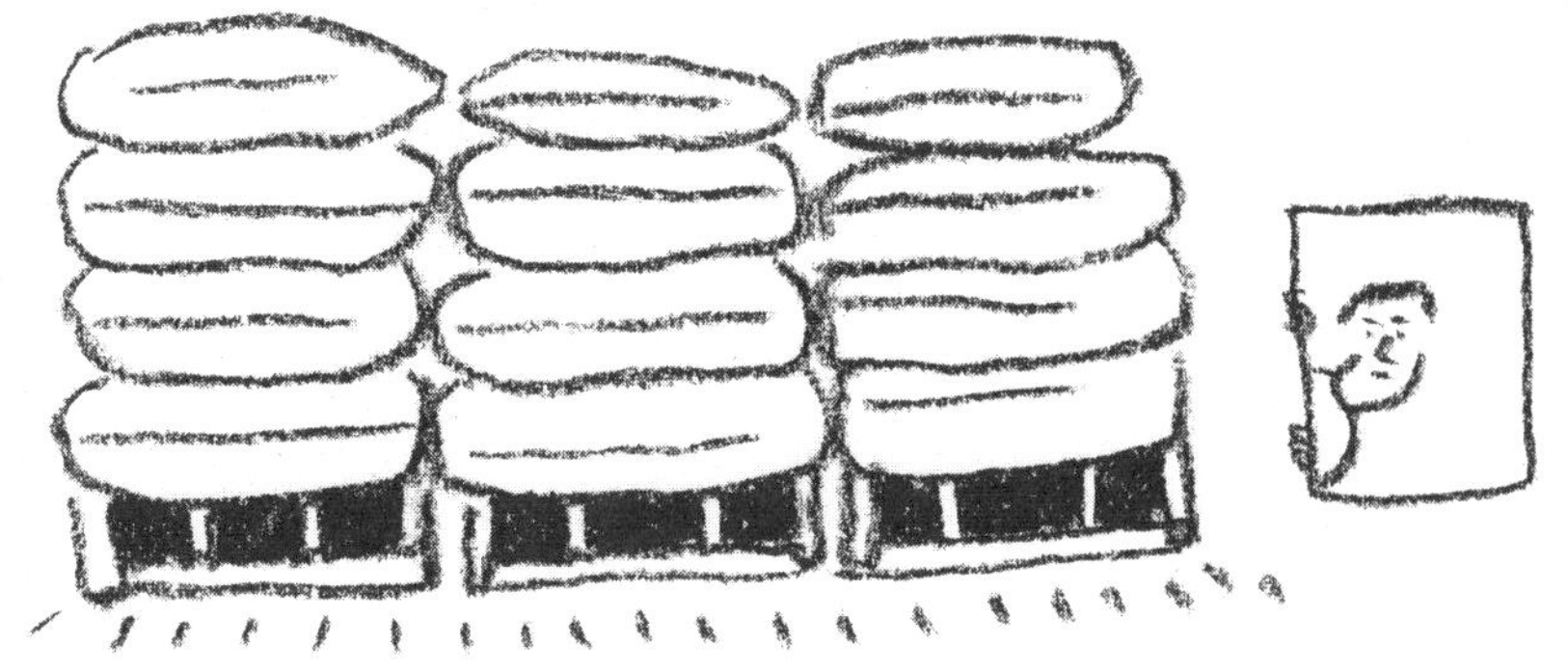

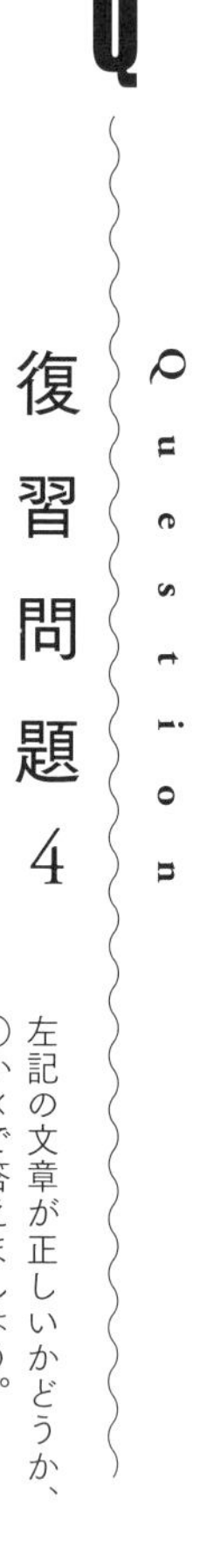

復習問題4

左記の文章が正しいかどうか、
○か×で答えましょう。

第1問 商品には使用価値があるから交換が成立する。

第2問 マルクスによれば、資本家と労働者は対等な立場で労働力を売買する。

第3問 マルクスによれば、労働力を購入して労働させることで搾取が成立する。

第4問 マルクスの研究を支えた親友で社会主義者の人物は、次のうち1である。

1 レーニン　**2** エンゲルス　**3** ヘーゲル

＊答えは257ページにあります

Chapter.5

公共事業で景気回復

――ケインズ

いま世界中で、財政赤字が深刻な問題に
なっています。不景気時は赤字国債を発行し、
公共事業で景気回復を図る。このケインズの理論は、
いまの景気対策としてはなかなか効果があらわれません。
それはなぜなのでしょうか。
ケインズ理論の基礎とその問題点を見ていきます。

POINT

ケインズの「景気対策」とは？

— 1 —

ケインズは、国家による財政支出で
景気をよくするしくみを考えた。

— 2 —

世界恐慌に対してルーズベルト大統領は、
ケインズ理論を使った「ニューディール政策」をとった。

— 3 —

ケインズ政策によって恐慌は回避されたが、ものの値段
が上がるインフレや国家の財政赤字にもつながった。

経済政策の常識を変えたケインズ

資本主義というのは、大きな問題がある。景気はよくなったり悪くなったりするし、ものすごく悪くなれば失業者が大勢増えて、さまざまな問題が起きる。これは資本主義そのものに問題があるからだというのがマルクスの考え方でした。

それに対して、資本主義の欠陥を補う政策がとれれば、資本主義でも十分やっていける、豊かになれる、失業者を減らすことができると考えたのが**ジョン・メイナード・ケインズ**です。ケインズの理論は世界中の政治に大きな影響を与え、これによって資本主義が生き延びたとも言われています。

日本でも景気が悪くなると、政府が赤字**国債**を発行して道路をつくったり橋を架けたりして公共事業を増やせば景気がよくなるという議論が行われますが、これはケインズ理論に基づいています。ケインズがこの理論を打ち立てるまでは、赤字国債を発行するという発想はありませんでした。ケインズ理論により、景気対策には公共事業をという考え方が生まれたのです。

ところで、経済学は役に立たない、金持ちになった経済学者はいないじゃないかと皮肉めいたことを言う人がいます。でも、最初の講義で説明したように、経済学は**資源の最適配分**を考える学問です。だから経済学者が金儲けに成功して金持ちにならな

写真：時事

ジョン・メイナード・ケインズ
John Maynard Keynes
（1883～1946）

イギリスの経済学者。雇用の創出をするために公共事業への積極的な財政出動を主張した。主著に『雇用、利子および貨幣の一般理論』がある。

いのはおかしいという議論は、そもそも成立しないのです。

ところが例外的な人がいました。それがケインズです。ケインズは経済学者でありながら金持ちでもあったんですね。株取引などでかなり儲けたと言われています。博打が好きでカジノに入り浸り、モナコのモンテカルロのカジノではお金を全部すり、知り合いから借金をしてイギリスに帰った、なんていう話もあります。

ケインズ経済学のきっかけは世界恐慌だった

ケインズが彼の理論を考えるきっかけとなった出来事が、1929年から始まった**世界恐慌**です。アメリカで株の大暴落が起こり、それをきっかけに金融機関がばたばたと潰れました。金融機関が潰れていくと金融機関同士が疑心暗鬼になり、金融機関同士のお金の流れが止まります。やがてこれが世界に広がっていきます。日本でも昭和恐慌が起こりました。

世界恐慌が起きると、それぞれの国が自国の産業を守ろうとして、外国から入ってくる商品に高い関税をかけ、輸入を差し止めようとします。世界中の国が輸入を止めれば当然輸出もできなくなるわけで、ますます経済が深刻な状態になっていきます。また、この激しい恐慌をきっかけにファシズムが起こり、ドイツではナチスが台頭して第二次世界大戦につながっていきました。

国債
国が発行する債券

国が歳入の不足を補うために発行する債券のこと。使途により赤字国債、建設国債などがある。

●世界恐慌
1929年、ニューヨーク株式市場での株価大暴落を発端に、世界的に大規模な経済恐慌となった。

世界恐慌が起こる前までは、世界の国々では**「均衡財政政策」**という経済政策をとっていました。政府は、国民や企業が納めた税金の枠内のお金を使って国民のための仕事をしなさい、赤字なんかつくっちゃいけませんという考え方です。

そのような政策がとられる中、世界恐慌が起こったのです。労働者が次々に失業して所得がなくなり、税金を納める人が減ります。企業も赤字や倒産で納税ができなくなります。つまり、国の税収が激減するわけです。そうなると、国がお金を使おうと

均衡財政政策
政府支出をすべて
税金で賄うこと

ケインズがお金を必要としたわけ

ケインズはケンブリッジ大学の教授でしたが、その給料だけではやっていけない切迫した事情がありました。ロシアの美貌のバレリーナに恋をしてしまったのです。ケインズは、彼女がイギリス公演をするときは毎回1等席を買って通いつめ、バレエ団員全員を招待してご馳走するなど、お金をたくさん使い、彼女にプロポーズをしました。ケインズの努力は実り、やがて彼女と結婚します。しかしバレリーナにはアメリカに夫がいました。なんと略奪愛だったのです。

してもお金が少ないので、さらに景気が悪くなっていくという状態になりました。

ニューヨークの株価が大暴落した最初の段階で対策をとっていれば、これほど深刻な状態にならなかったかもしれないのに、どうしたらいいのかわからないまま税収が減っていった。でも均衡財政政策では赤字は出せませんから、政府は支出を切り詰めます。その結果、どんどん景気が悪くなってしまいました。このような状況だからこそ、前章のマルクスの思想が影響力を持ったのです。

古典派経済学における「失業」とは？

この世界恐慌による不景気と大量に生まれた失業者を何とかしなければなりません。しかし、ケインズ以前の**古典派**と呼ばれる経済学では、大量の失業者が出るのは失業した労働者に問題があると考えていました。どういうことかというと、第1回で出てきた**需要曲線・供給曲線**を、労働者の市場にも同じように当てはめたんですね。

労働市場においては、需要量は労働者を雇う企業の採用数、供給量は労働力を提供する就職希望者の数、価格は賃金（率）です。まず、企業側から見てみます。失業者が多くいるということは、働きたい人が大勢いると考えられます。それでも企業が採用しないのは給料が高すぎるからだと考えます。もっと給料を下げれば企業は労働者

労働者にも市場の原理を当てはめました

ケインズ以前の18世紀後半から19世紀前半にかけて活躍したアダム・スミスやリカードなどのイギリスの経済学派は古典派、その考えを再評価する学派が新古典派と呼ばれる。

を採用できるようになり、失業者が減ってくるだろう。つまり需要曲線でいえば、賃金が高いから需要が増えないということになります。そして給料が下がらないのは給料の引き下げ反対と言っている労働組合があるからだと考えました。

一方、労働者側から見ると、景気が悪化し賃金が切り下げられていく。さらに悪化すると従業員を解雇して失業者が出る。このとき失業者が安い賃金で働いてもいいと思うならば仕事を得られるのに、失業者がたくさんいるということは安い給料で働くことを拒否しているからだ、高い給料でないと働かない者がたくさんいるから失業率が高いんだ、という考え方をします。つまり供給曲線でいえば、賃金が低いと労働力である供給量が下がるということになります。

このように古典派経済学の考え方では、失業率が高いのは給料引き下げに抵抗する労働組合があったり、安い賃金で働こうとしない労働者がいたりするからだと考えました。つまり景気が悪くなっていくのは労働者が悪いんだと考えたのです。

そこでケインズは、そうではない、**非自発的失業者**が存在するんだと言いました。わざわざ「非自発的失業」という言葉を使ったということは「自発的失業」があると考えていた人たちがいたからです。自発的失業とは、安い給料で働こうとしないから自分で失業しているという状態を選んでいるということです。それに対し、ケインズは企業が採用を手控えて、働きたくても働けない非自発的な失業が存在すると考えました。だから非自発的失業者を救済するしくみをつくっていくことが、景気をよくし

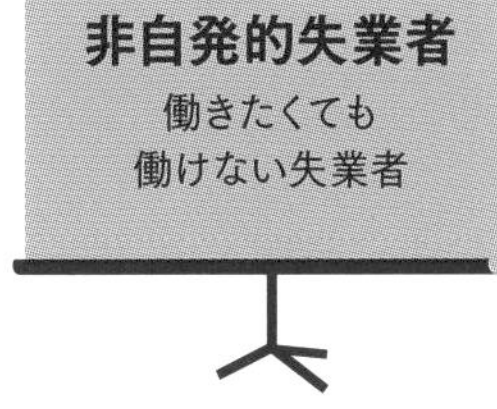

ていくことだと主張したのです。

ケインズが考えた失業対策

そこでケインズは、企業にお金がなくて従業員を雇えないのであれば、政府がお金を出して雇用が生まれるようなしくみをつくればいい。そのためには公共事業が必要だと考えました。

たとえば失業者が大勢いて景気が悪いときに、国が100億円の新しい**財政支出**をしたとします。国が100億円を使って大手ゼネコンに新しい道路をつくる注文をすると、ゼネコンは受け取った100億円の中から数社の建設会社に30億円ずつ発注して支出をします。今度はそれぞれの建設会社がコンクリートや砂利などを資材メーカーに発注する。資材メーカーの仕事が増えて利益が上がれば、従業員に給料を払うことができます。また工事用のトラクターや工事用機械の車も買えば、機材メーカーにもお金が入る。すると今度は機材メーカーがさらに機材の部品を発注し、部品メーカーの売り上げが増え、この従業員にも給料を支払うことができます。

このように政府が100億円を支出したことによって、次々にいろいろな企業の仕事が増え、それぞれの従業員の給料が支払われる。するとその社員たちの給料やボーナスが増え、買い物をしたりレストランで食事したりすることで消費が伸びていく。

財政支出
国がお金を出し
予算を使うこと

これで景気がよくなっていくことになります。

私たちはそれが当たり前だと思っているかもしれませんが、この考えはケインズによって私たちの常識になったのです。ケインズがこの理論を発表したときは、そんなやり方があるのかと世界中の経済学者がびっくりしたんですね。大変なショックを与えたので、**ケインズ・ショック**とも言われています。

でも、政府が新しいお金で仕事を注文すれば景気がよくなっていくのはわかりますが、現状は景気が悪いわけですから政府に入る税金は減っています。ではどうするか。ケインズは政府が借金をすればいいと考えました。**赤字国債**を発行して金融機関や国民に買ってもらう。借金ですからいずれ返さなければいけないわけですが、国債を発行してお金を得て、そのお金で新しい公共事業をして景気がよくなっていけば、建設会社の利益が上がり税金を納めてもらえます。従業員に給料が入れば、税金を納めたり、買い物や外食をしたりすることによって商店やレストランにもお金が入る。商店なども税金を納める。こうして財政支出したお金が税金としてまた戻ってくる。その戻ってきたお金で国債の借金を返せばいい。一時的に財政赤字は出ますが、回り回ってやがて赤字が解消される、だから財政はやがて均衡するんだ、というのがケインズの考え方です。

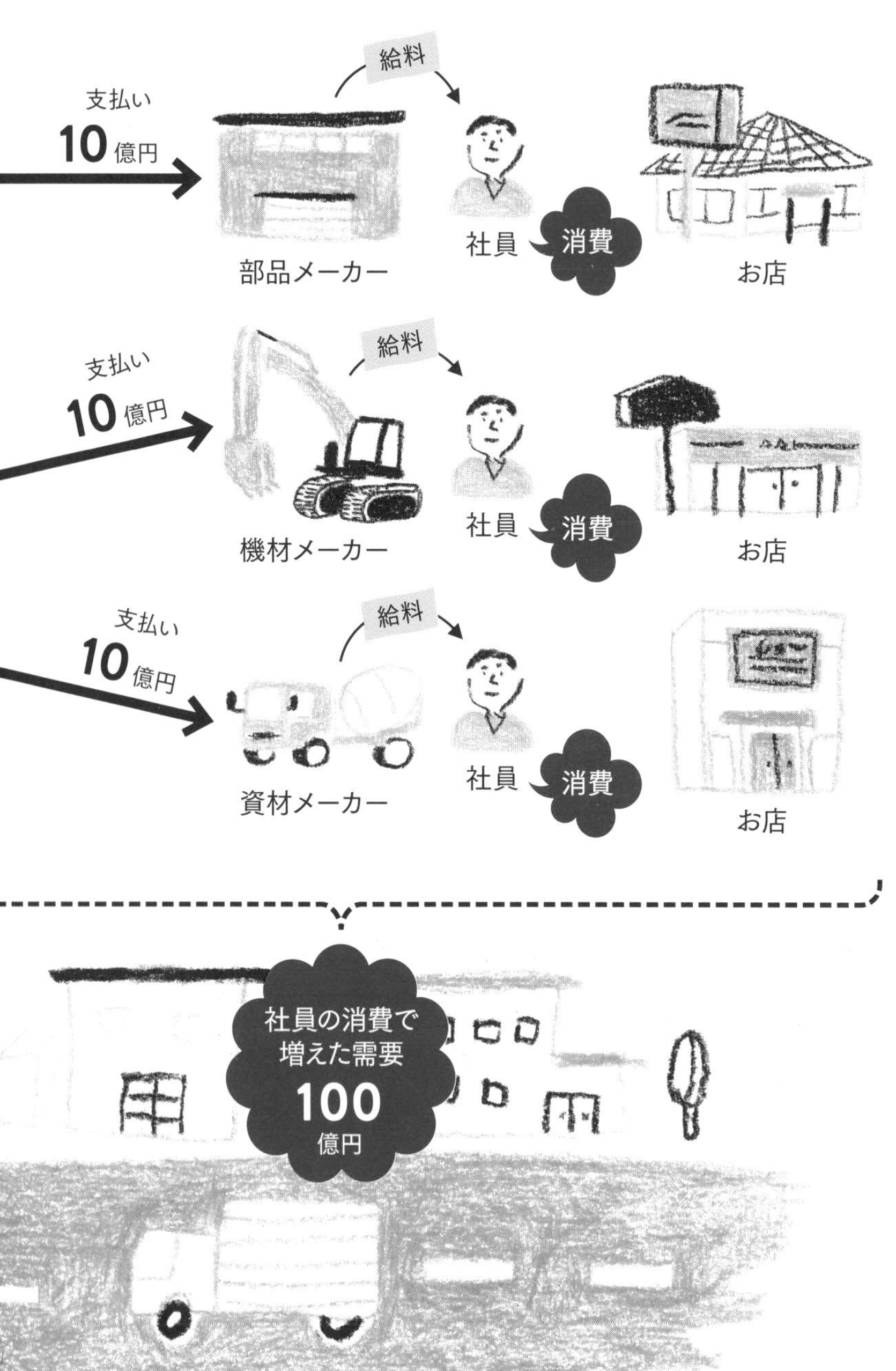
支払い
10億円
給料
部品メーカー
社員
消費
お店
支払い
10億円
給料
機材メーカー
社員
消費
お店
支払い
10億円
給料
資材メーカー
社員
消費
お店
社員の消費で
増えた需要
100
億円

財政支出で道路をつくり、消費を伸ばす

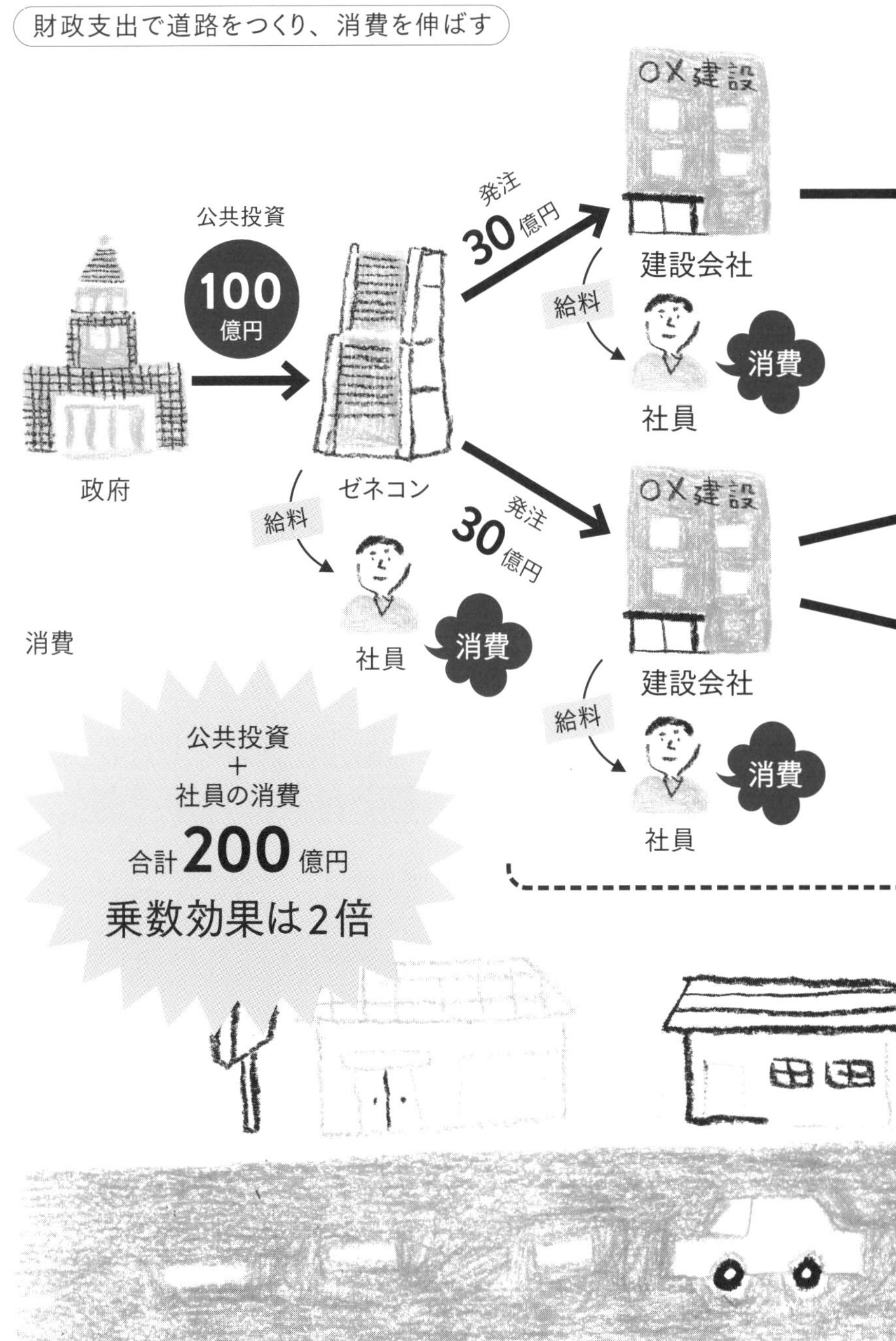

消費性向が高まれば乗数効果が上がる

ではそのとき、財政支出をしたらどれくらいの経済効果があるのだろうか。これを**「乗数効果」**と言います。乗数とは掛け算のことです。たとえば政府が公共投資を100億円行ったとします。道路工事を請け負ったゼネコンは下請けの建設会社に30億円ずつ発注、さらに建設会社は部品メーカーなどに10億円支払うという具合にお金が流れると、各会社の社員たちに給料が支払われ、そのお金でさまざまなものが消費されます。仮にそれを100億円とします。投資した100億円に増えた需要を加えた合計が200億円になれば、乗数効果は2倍ということになります。投資額に対し、全体としていくらの経済効果があるか。これが乗数効果です。

乗数効果を大きくするためには、高い**「消費性向」**が必要になります。消費性向とは、お金をもらったら、そのうちのいくらを使うかということです。消費性向が高まれば乗数効果も上がるという関係です。たとえば10万円もらって9万円を消費すれば、消費性向は10分の9、つまり0・9。1万円しか使わなかったら消費性向は0・1ということになります。全部使えば1・0です。

この消費性向が高まれば高まるほど景気はよくなるということです。もし10万円まるまる貯金してしまったら何もなりません。みんながすぐにお金を使えば、景気への

乗数効果
公共投資で需要をつくり国民所得を増やす効果

公共投資や政府支出などが最終的にいくらの経済効果をもたらすか、その倍率を示す。乗数効果はケインズ理論の柱の一つとなっている。

消費性向
家計所得のうち消費に使われる割合

効果が大きいことになります。消費性向を高めることを景気対策として考えれば、景気をよくすることができるようになるわけです。

貯蓄性向を抑えるための累進課税

入ってきたお金の何割を消費に回すか、これが消費性向ですが、どれだけ貯蓄に回すのかを**貯蓄性向**と言います。貯蓄性向は消費性向と対立します。たとえば政府が新しく公共事業をしたり、お金を給付したりして国民の収入が増えても、みんながそれを貯金して、貯蓄性向が１・０ならば消費性向はゼロ、景気対策の効果はまったくないということになります。

貯蓄性向を下げ、人々が消費性向を高めていくように誘導すれば景気対策になります。そのためにケインズが考えたのが、お金持ち

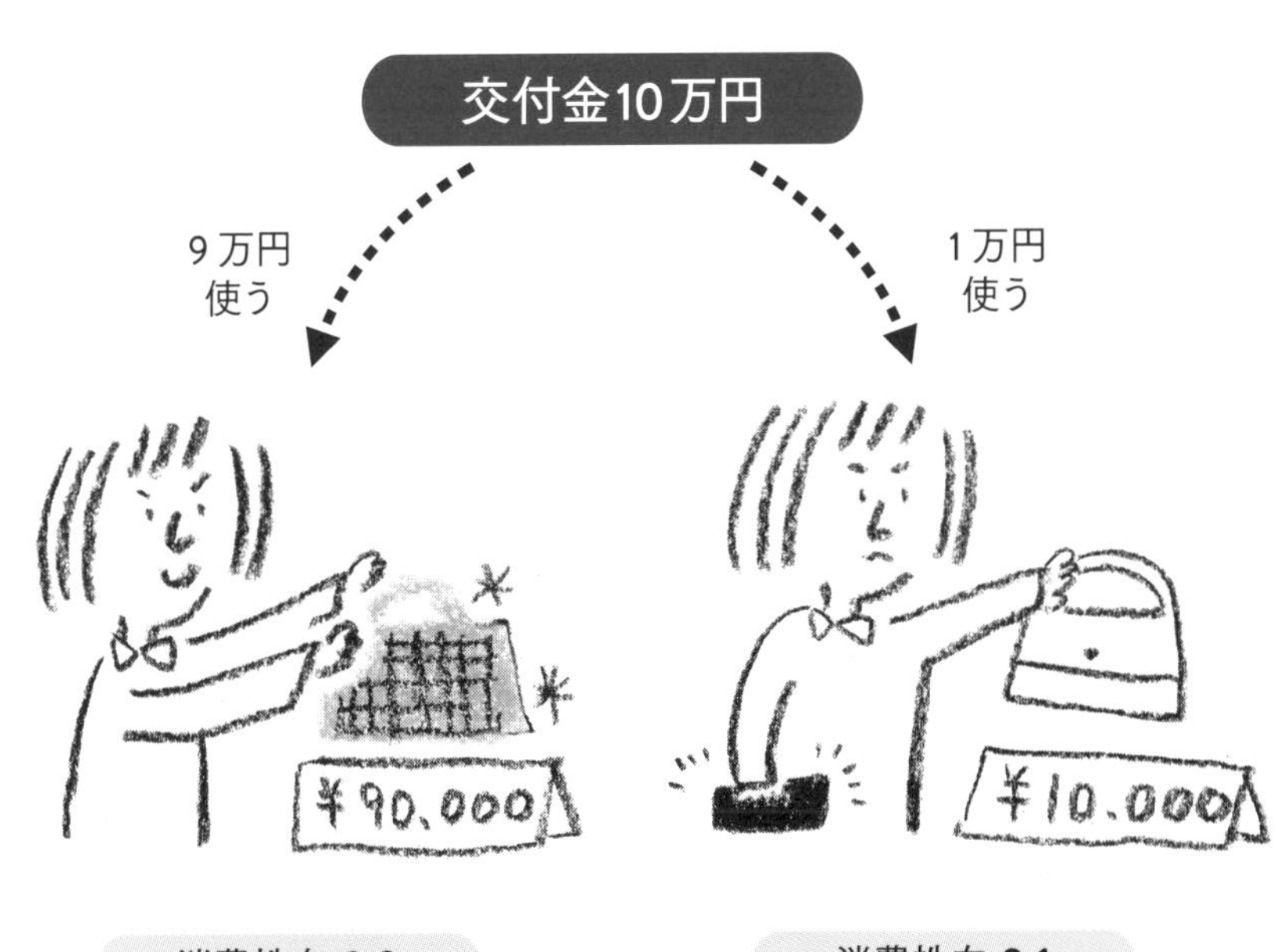

消費性向の数字が高くなればなるほど景気はよくなる。

から税金をたくさんとる**「累進課税」**です。累進というのは次第に増えていくという意味で、金持ちになればなるほどかかる税率が高くなります。

お金持ちはお金がない人に比べていろいろなものを買いますが、貯金もします。しかし貯蓄が増えるばかりでは景気のためによくありません。一方で景気が悪いと失業者が増えます。失業者は収入がないわけですから、支出をしません。消費が増えないということになります。このとき政府は、あまり消費をしないお金持ちからたくさんの税金を吸い上げ、そのお金を社会保障として失業者や生活に困っている人に渡します。そうすることで、食べ物や着るものを買う人が増えて、消費を伸ばすことができます。結果として社会全体の消費性向を高め、景気をよくすることができるのです。ケインズ以降、日本をはじめ世界の多くの国でこの課税方法がとられています。

逆に言えば、最初からこのしくみがあれば景気が悪くなってもお金持ちから貧しい人へ社会福祉としてお金が回ることによって所得の再配分になり、それによって景気の悪化をくい止めることができます。不況が深刻な恐慌にまで発展する可能性が減り、不況を軽くすることができることになります。

人間はみんなお金が好きである

ケインズは景気対策のため、ほかにも方法を考えました。とりあえず、みんながた

貯蓄性向
家計所得のうち貯蓄に回される割合

累進課税
所得が多くなればなるほど税率が高くなる

くさん買い物をしたり企業が新たな投資をしたりすることによって消費を伸ばす、ということを考えました。企業が新しい仕事を増やして工場をつくってものが売れれば、新たに社員を採用し失業者が減る。だから企業がもっとお金を使うしくみにすればいい。ではどうすればいいいか。

そこでケインズは「人間はお金が好きなんだ」ということを考えました。あなたもお金は好きでしょう。そう言われると困るかもしれませんが。Chapter.1のとおり、経

収入と所得の違い

働いて稼いだ「収入」からその収入を得るための「必要経費」を引いたものが「所得」です。所得税は収入ではなく所得にかかるものです。たとえば、自営業の人が5000万円を稼ぐために2000万円の必要経費を使ったのであれば、収入5000万円－2000万円＝3000万円が所得になります。その所得の金額に応じてかかる税金が所得税です。

日本の所得税率

所得額	税率
195万円未満	5%
330万円未満	10%
695万円未満	20%
900万円未満	23%
1800万円未満	33%
4000万円未満	40%
4000万円以上	45%

出典 国税庁

済学はそもそも人間はみんな合理的な経済活動をするのだということを前提にしていますね。**合理的経済人**だと、人間はみんなお金が好きだということになります。世の中には「お金なんかいらない」という人もいるでしょうけれど、一般的に多くの人は正当に働いてお金を増やしたいと思っているに違いないということを前提に、ケインズの経済理論は組み立てられています。

これを**「流動性選好」**と言います。流動性を選り好みするという意味です。何で経済学はこんなに難しい言葉を使うんだろうと思いますが、流動性選好を私なりに言えば、現金が好きだということです。みんな財産や資産は欲しい。でも持っているお金で土地を買ってしまったあとお金が必要になったときに、その土地がいつでも売れるとは限りませんよね。

たとえばマンションを買ったとします。景気がいいときにはマンションはすぐ売れるかもしれません。でも景気が悪いとなかなか売れない。いざお金が欲しいというときに売れないとなると困るわけですよね。あるいは「なんでも鑑定団」に出せるような貴重な骨董品も、景気が悪くなると売れなくなってしまう。

結局、いちばんいいのは現金で持っておくことです。現金ならば、いつでも何にでも換えることができます。お金には流動性があるということなんですね。流動性があるとは、いつでもそれをほかのものに換えることができるという意味です。

人々が他の資産よりお金（現金）を持ちたがること。日常の取引に便利、予測できる出費に備えられる、資産価値が減ることがないなどの理由がある。

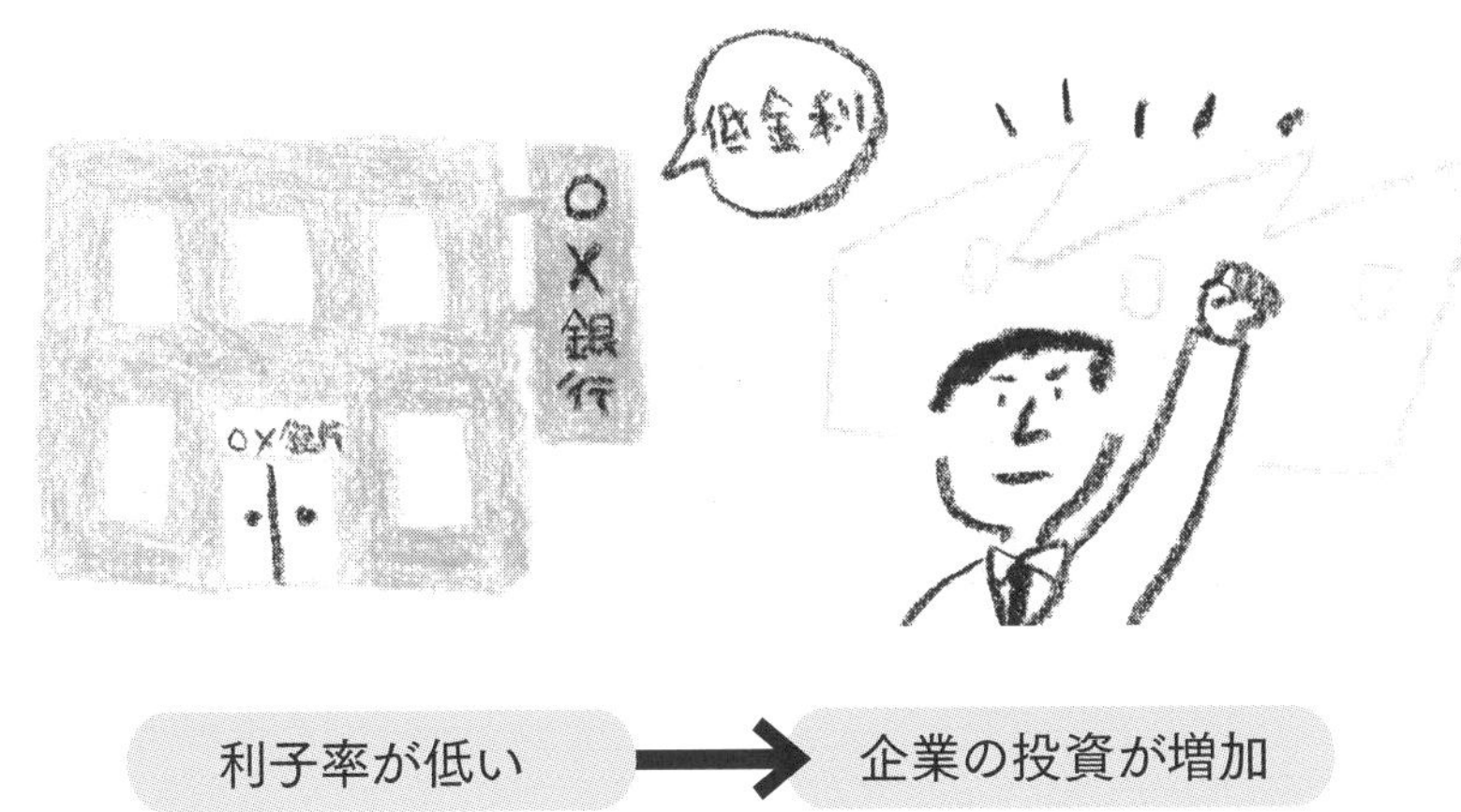

金利を下げて企業の新たな投資を増やす

ところで、企業の経営者はどういうときにお金を使って新しい事業をするようになるのでしょうか。たとえば10億円のお金があったとします。10億円を銀行に預けておけば利子がつきます。新しい事業を始めるなら、そこから得られる利益が銀行に預けているときの利子よりも高くないとやる気にならないでしょう。

つまり、経営者は銀行に預けているよりも儲けることができると考えたときに、新しい事業を始める。ケインズは、**利潤率**が利子率よりも高ければ企業は事業への投資を始めると考えました。利潤率とは金儲けの率です。人為的に利子率を下

利潤率
総収入から総費用を差し引き、それを総収入で割った率のこと

●ゼロ金利政策
1999年、日本はゼロ金利政策を導入、その後、解除と導入を繰り返している。

げれば結果的に利潤率のほうが高くなるから、経営者はお金を借りてでも新しい事業をしようという気になる。したがって、景気が悪いときには、金利を下げればいいということになります。

日本の景気が悪くなり日本銀行がどんどん金利を下げ、結果的に**金利がほとんどゼロ**になりました。私たちが銀行にお金を預けてもわずかな利子しか得られませんが、銀行はそれより少し高い利子で企業にお金を貸します。企業は銀行から安い金利でお金を借りることができるのだから、それで新しい事業をして儲けようということになる。利子率を下げて相対的に利潤率を高くすれば、企業が投資をして景気がよくなっていくだろうということです。

エジプトのピラミッドは公共事業だった!?

昔から公共事業をすれば景気がよくなるということは意外にわかっていたのではないかと言われています。その典型的な例がエジプトのピラミッドです。かつては、市民を奴隷のように働かせてつくったと考えられていましたが、その後の研究や発掘作業で、当時の労働者の休暇申請などの書類が見つかりました。市民はただの奴隷としてではなく、給料や休みをもらいながら働いていたのです。古代エジプトでも、景気が悪くなってくると公共事業としてピラミッドをつくり、市民に働く場所を提供し、給料を支払うことによって景気をよくしていたのではないかということが、最新の研究でわかってきたのです。

［補足講義］8

利潤率と株価の関係

利潤率が高いかどうかは、株価で見ることができます。企業が儲かると、株価は上がっていきます。逆に言えば、その企業が儲かっているかどうか判断するには、株価が上がっているかどうかを見ればいいことになります。

実際に、任天堂が発売したゲーム機が爆発的に売れたとき任天堂の株価が上がりましたが、売れなかったら株価が大きく下がりました。株価はいろいろな理由で上下しますが、長い目で見ればその会社が儲かっていれば株価は上がっていきます。プロの投資家は、それぞれの会社の経営状態を詳しく研究していて、「この会社は儲かるから、投資をしよう」と株をたくさん買うことによって、その会社の株価が上がってくるということがあります。

一般論としては、株価がどんどん上がり始めた企業は、利益が上がっている。あるいは特定産業の企業の株価が同時に上がっていけば、その産業は将来有望で利益が上がることがわかる。利子率より利潤率が高い事業に投資をしようと考えている経営者にとって、株価は一つのサインになるということです。

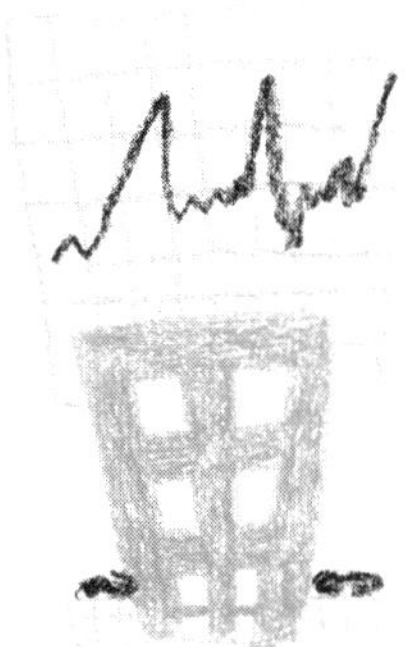

流動性の罠(わな)とは？

このように世界の多くの中央銀行が、金利を下げて景気をよくするという方法をとりました。ところが日本では１９９０年代にバブルがはじけたあと金利をどんどん下げ、ほとんどゼロという状態にしても景気は回復しませんでした。ケインズはまるで見越したように、当時これを**「流動性の罠」**と呼んでいました。金利がほとんどゼロでお金を借りられて、流動性が高まったにもかかわらず、企業の投資が全然伸びないのです。

つまり、いまのままでは先行きが不安で将来に展望がないから、みんなお金を使おうとしないのです。いくら金利が低くても、お金を借りて新しく何かをしようとは考えません。ケインズの時代にはそのようなことはなかったので、「理論的にその可能性がある」とだけ指摘していました。

ところが日本がまさにその状態に陥りました。流動性を高める、つまり金利をうんと引き下げても、日本の景気はなかなか回復しません。しかし逆に言えば、先行きが不安でみんなお金を使おうとしないのなら、これから世の中がだんだんよくなっていくんだとみんなが思えるようになれば、投資が増えて流動性の罠から脱出することができるわけです。Chapter.1で「景気」の「気」は「気分」の「気」でもあるという話

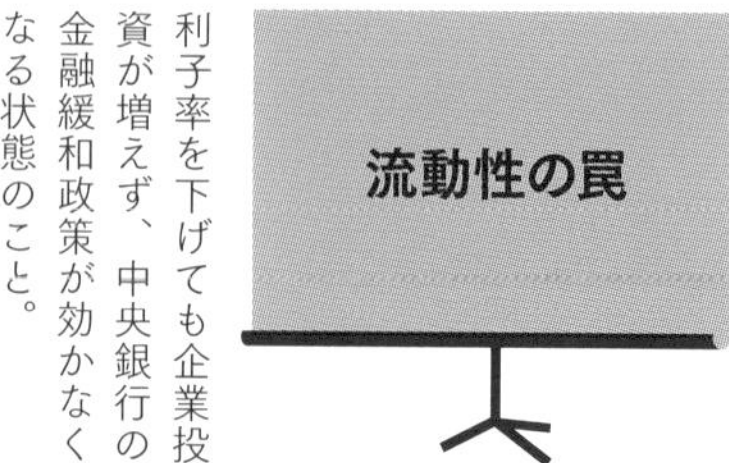

利子率を下げても企業投資が増えず、中央銀行の金融緩和政策が効かなくなる状態のこと。

をしました。投資家が先行きが明るいという気分になれば、流動性の罠から脱出することができる。逆に将来に不安があるから流動性の罠から抜け出すことができない。

そうは言っても気分をどうするかなんていう話は政策になりません。日本経済はこれから間違いなく発展するという道筋をきちんと示したり、有望な産業が出てきて、みんながそこに投資をしたりするようにならなければ、景気回復のきっかけにはならないのです。2012年から始まった当時の安倍内閣によるアベノミクスは、その試みの一つです。

なぜ日本は流動性の罠に陥ったのか

日本はなぜ流動性の罠にはまってしまったのか。きっかけは**バブルの崩壊**です。日本経済のバブルがはじけたあと、日本銀行は金利をどんどん下げました。それで景気がよくなると思ったら、ならなかった。日本の企業の多くが想像以上の深手を負っていたのです。

バブルのとき、日本の企業は金儲けのために大量の土地を買った。バブルがはじけ、土地の値段が大幅に下がって企業は大損をし、企業自体が存続することに汲々として新しい事業を始めることができないような深刻な状態がずっと続いていました。その間、日本の経済はすっかり元気がなくなり、新しい産業や技術が生まれなくなったの

バブル崩壊が
大きかったんですね

です。**新しい投資をしようという気が起きないまま景気が悪くなり、金利を下げても、やる気がないという悪循環に陥ったんですね。**

その後始末に30年以上かかっています。その30年で新しい産業を見い出し、日本経済に新しい展望が開けてくれれば、復活できたはずなんです。でもそれができなかったということは、その30年は流動性の罠にかかった状態になっていたということです。

アメリカも同様な状態で、中央銀行にあたるＦＲＢが金利をほとんどゼロにしているにもかかわらず、その低い金利でお金を借りた投資家たちがアメリカで新しい事業を始めようとしない。原油や、南米やアフリカのいろいろな原材料や資源を買い占めることに使われているため、アメリカ国内の経済が発展しないという状態が続いていました。グローバル社会においては、流動性の罠によって国内だけではなく、違う国にお金が逃げるということがあるのです。

景気の自動安定装置

さて、このケインズ経済学の考え方に基づいて、世界の先進資本主義諸国では景気が悪くなったら借金をしてでも新たな公共事業をするようになりました。乗数効果によって景気が回復していく、景気が回復していけば税金が増えてくる、それによって政府の収入が増える、それによって赤字が解消されるというかたちです。

ケインズの「美人投票」

株を買うときの有名なエピソードに「美人投票」があります。ケインズの時代、イギリスの大衆紙で美人投票を行い、いちばん投票が多かった美人に投票した人に抽選で景品をあげるということをしていました。ケインズは「あなたがいちばん美人だと思う人を選ぶのではなく、みんながいちばん美人だと思う人に投票するのがいい。そうすれば景品をもらえる可能性が高くなる。株の投資というのは、そういう美人投票と同じだ」ということを言っています。

あなたが「好きな会社だから応援するために株を買おう」と思っても、その会社の経営状態が悪ければ、株価が下がって損をしてしまうかもしれない。だからみんなは好き嫌いでなく、いまいちばん儲かりそうな、株価が上がりそうな企業を探して、その企業の株を買っている。それによって株価が上がっていく。だから株の投資は「美人投票」のようなやり方がいちばんいい、とケインズは言っています。ケインズはそうやって株投資で儲けたお金を美貌のロシア人バレリーナに貢いでいたんでしょうか…。

また、景気が悪くなりかけても、お金持ちからたくさん税金をとる累進課税のやり方で、低所得の人たちの社会福祉にお金を回していく、そして低所得の人たちの消費が落ち込まないようにして、景気が悪化するのを防ぐことができるようになるわけですね。

このようなしくみによって、資本主義経済が好況と不況を繰り返しても深刻な恐慌に陥らないで済むようになりました。これを**「ビルト・イン・スタビライザー」**と言います。日本語に直すと、「自動安定化装置」です。景気が悪くなっても、自然と自動的に景気がよくなるように戻っていくしくみがある。Built-inは組み込まれているという意味です。Builtは英語のBuildの過去分詞ですね。stabilizerというのは安定装置です。あらかじめ経済の中やいろいろな政治体制の中に安定させるしくみが組み込まれているということです。

1929年当時、アメリカは共和党の大統領でした。共和党は大きな政府を嫌います。なるべく小さな政府がいい、民間の経済に政府が口を出すべきではないという考え方です。だから景気がどんどん悪くなっていっても国が勝手なことをやってはいけない、企業の力で景気がよくなるのを待っているべきだと考え、当時のフーバー大統領は景気対策に積極的ではありませんでした。それによってますます不景気が深刻化していきました。

その結果、選挙で共和党が負け、民主党のルーズベルト大統領が当選します。民主党はどちらかというと大きな政府、国民のためあるいは景気対策のためなら政府がち

ビルト・イン・スタビライザー
自動安定化装置

好況と不況を繰り返す景気変動を、財政制度によって自動的に調節して経済を安定化させる機能のこと。

ょっと大きくなって、政府がたくさんのお金を使ってもかまわないというやり方です。

そこでルーズベルト大統領の時代に、ケインズ経済学の理論を使った「**ニューディール政策**」がとられました。newは新しい、dealは何かをやるということなので、新規巻き直し政策ということですね。大規模な公共事業をアメリカの国内で展開させました。たとえば、政府の機関であるテネシー川流域開発公社を設立し、次々にダムや農地をつくったり、多くの若者たちを雇用して森に木を植えて森林を整備したりするなど、さまざまなことに税金を使って景気を立て直すというやり方をとりました。これ以降、アメリカでもケインズ政策がごく普通にとられるようになりました。

●ニューディール政策
1933年3月、アメリカのルーズベルト大統領が次々と大型公共事業を行い、約25%まで上がった失業率が14%程度まで下がったと言われている。ケインズ理論を世界で初めて採り入れた例である。

ケインズ理論の副作用「インフレ」

ただし、このニューディール政策によってアメリカの景気が本当によくなったかどうかということは、実は学者によって意見が分かれています。景気がよくなったという議論がある一方で、ニューディール政策ではなく、第二次世界大戦が始まったことによってアメリカは景気がよくなったんだという議論もあります。ひょっとすると両者相まってということなのかもしれません。

ニューディール政策については、評価がなかなか定まりませんが、不況になったら政府が財政支出を増やし、公共事業を増やすことによって景気をよくするというのが世界の経済政策の常識になったのは大きなことです。

企業にしても、社員の給料を下げると消費者としての消費が減ってくる。給料を引き下げるのは景気のためによくないことが次第にわかってきて、不況になったらすぐ労働者の給料を減らすのではなく、なるべく下げないようにする。あるいは景気がよくなってきたら労働者の給料を増やすようになりました。

ここで、給料が増えた分は商品の値上げをすればいいのだということになり、インフレの傾向が出てくるようになりました。ケインズ政策のもとでは、さまざまなものの値段が上がりやすいインフレ傾向となることが次第に定着していきました。

ケインズの誤算――増え続ける財政赤字

ケインズ政策には、うまくいかない部分もありました。それは政府の財政赤字が増えたことです。ケインズは、景気が悪くなったら政府が借金をして赤字国債を発行し資金を集めて新たな事業に投資をする。企業の仕事が増えていけば儲かり、税金が入ってくる。その税金によって借金を返すことができて、財政は安定すると考えました。しかし、そうはなりませんでした。これを実際に行うのが政治家だったからです。

政治家にはそれぞれ選挙区があります。その選挙区で公共事業をして新しい道路をつくったり橋を架けたりすれば、建設業者の仕事が増えます。そのため選挙運動のと

きには、建設業者がその政治家を一生懸命応援します。

しかし、景気が回復し、増えた税収で借金を返さなければいけないから「公共事業は打ち切ります」と言ったらどうなるでしょう。選挙を応援してくれていた建設会社は仕事が減るわけですから、次の選挙は応援してもらえなくなって落選するかもしれない。一方で建設会社からは、税収が増えてゆとりが生まれたのだからそのお金でまた公共事業をすればいいじゃないかと言われる。

ケインズにしてみれば、政治家には理性と知性、教養があるから景気がよくなったら税収で借金を返すものと思っていたのに、実際の政治家はそうではなかったのです。こうして借金の返済は後回しになってしまい、財政赤字はどんどん増え続けていったのです。

乗数効果が小さくなり、ますます膨らむ日本の財政赤字

ケインズ政策によって、世界のさまざまな国の政治家が同じことを行い、どこの国も赤字財政に悩むようになりました。その典型的な例が日本です。日本ではとてつもなく財政赤字が増えています。

まだあまり道路らしい道路がなかったときには、新しい道路をつくったり橋を架けたりすることによってその地域の経済が発展していくという乗数効果がありました。

しかし全国くまなく道路ができると、もう新しい道路をつくっても車の通行量は増えません。そんな道路に経済効果は望めません。道路ができただけで、乗数効果がほとんどないという状態になってきました。

昔は公共事業でちょっとお金を出すとすぐに景気がよくなりましたが、いまはいくらお金を注ぎ込んでもなかなか景気がよくなりません。新しい公共事業をしても、日本全国にたくさん生まれた建設会社が存続するのがやっとで、新しい仕事を創造するわけではありません。乗数効果が落ち、景気対策にならないという状態になります。このようにして「ケインズは死んだ」という言葉が生まれるようになりました。

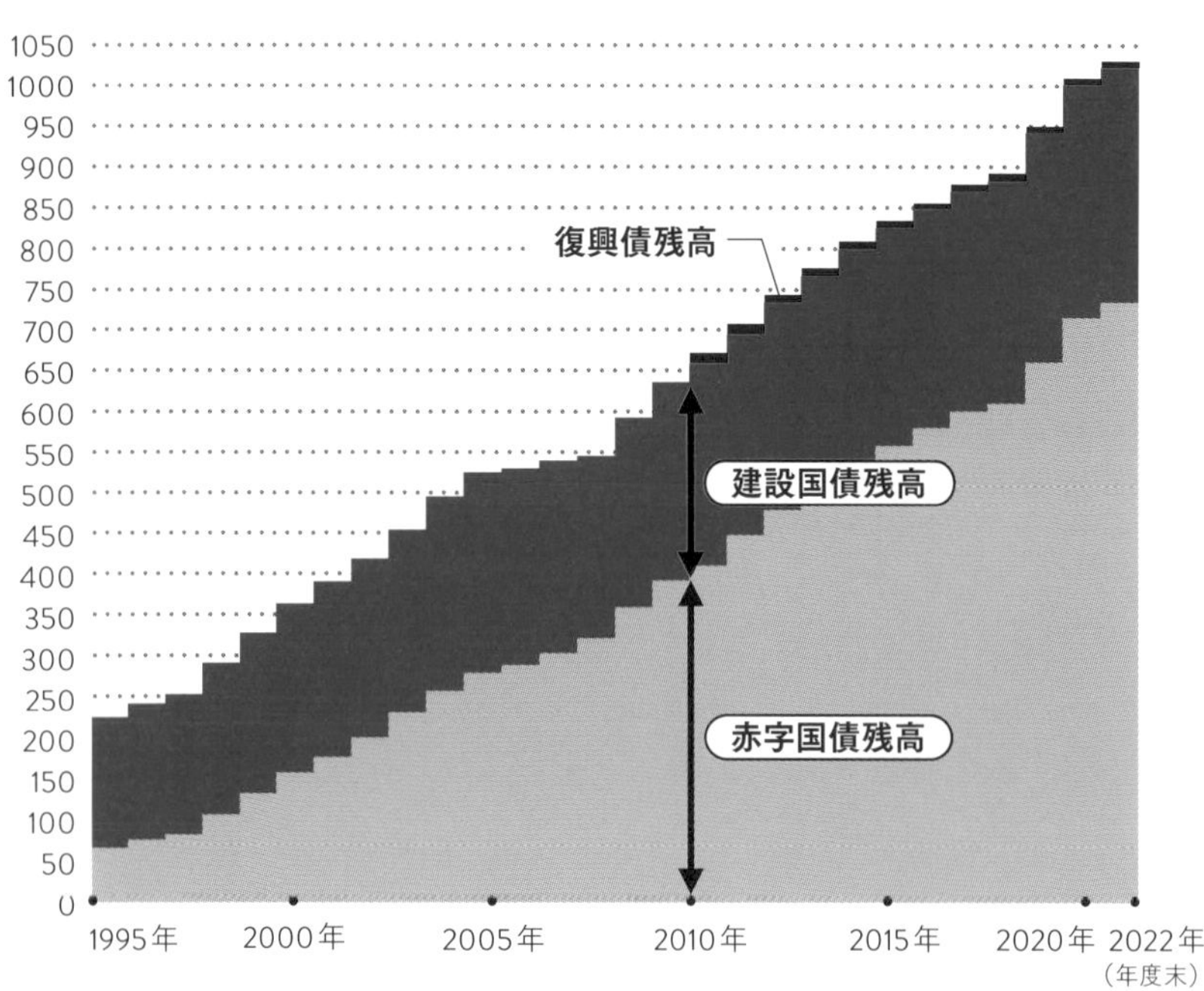

財務省「普通国債残高の累増」を元に作成

欧米でのケインズ政策の行方

1929年、ニューヨークで株価が大暴落したときの大統領は共和党のフーバー。2008年、リーマン・ショックのときの大統領も共和党のブッシュでした。ブッシュはフーバーと同じように大きな政府を嫌っていましたから、リーマン・ブラザーズが倒産しそうになっても助けようとしませんでした。

その結果、世界経済が大変に深刻な状況になり、アメリカ経済はどん底に落ちて共和党に対する不満が高まりました。次の選挙で民主党のオバマ大統領が当選しました。オバマ大統領は新しいニューディール政策、**グリーン・ニューディール政策**という再生可能エネルギーの技術開発を進めるため大金を注ぎ込みました。1929年と同じことが2008年に繰り返されたのです。

オバマ大統領は、たくさんのお金を使ってアメリカの経済を回復させようとしたため、ケインズがよみがえったという言い方がされました。ところが、大きな政府になり大きな財政赤字を抱えているのに景気がちっともよくならない。そのため共和党の候補者たちから、オバマ大統領のようなケインズ政策ではだめだという批判が大きく巻き起こりました。

なぜ、グリーン・ニューディール政策はうまくいかないのか。それは産業の規模が

●グリーン・ニューディール政策
2008年11月にオバマ大統領候補が打ち出した。再生可能エネルギーに10年間で1500億ドルを投資し、500万人の雇用創出策を推進した。

小さいからです。そもそもニューディール政策というのは、大規模な公共事業を行い、その結果、多くの雇用を生み出すものです。多くの人の収入が増える、それによってものを買う。それによって経済が回っていきましたよね。でも、再生可能エネルギーというのはまだまだ規模が小さいんです。そこから生まれる雇用は少ないんですね。だから、かけ声としては美しいんですけれども、景気をよくしていく力が不足しているということです。

ただ、再生可能エネルギーがもっと広がっていって市場が拡大していくと、それなりの効果が出てくるでしょう。中長期的には意味のあることだと思いますが、短期的な効果はあまり期待できないと思ったほうがよさそうです。

また、２００９年、ヨーロッパでもユーロの不安が広がりました。ヨーロッパも景気対

欧米でも
ケインズ政策の
副作用が
みられます

策のために大変なお金を使いました。その結果、財政赤字が深刻になります。ヨーロッパの国々はこのままでやっていけるのだろうかという不安が広がって、一時はユーロが非常に安くなりました。これもケインズ政策の処方箋を使ったら副作用が非常に大きかったということです。

このように、ケインズ政策を導入することによって、少なくともマルクスが描いたような深刻な恐慌は起きなくなりました。その結果、社会主義革命は起こらなくなりましたが、ケインズ理論の処方箋にも副作用があるということがわかったのです。

［補足講義］9

日銀の異次元緩和

日本経済は前世紀末からこれまで、長い停滞、慢性的なデフレーション（持続的な物価の下落）に苦しんできました。この時期を「失われた30年」と呼ぶこともあるほどです。停滞を脱しようと、2012年暮れには当時の安倍晋三首相による経済政策「アベノミクス」が始まりました。その柱として、翌年4月に就任した黒田東彦日銀総裁がかつてないような大規模で大胆な金融政策「異次元緩和」を始めました。金融市場に大量のお金を供給し続けるというこれまでになかったやり方で、前年比2%の物価上昇を目標に掲げました。黒田総裁が「量・質ともに次元の違う金融緩和を行う」と説明したことから「異次元緩和」と呼ばれます。この異例の金融緩和が、10年にわたって続いてきたのですが、23年4月、植田和男新総裁が就任したことを機に、現状維持か、徐々にもとに戻すのか、この政策の行方に関心が集まっています。

日銀のような中央銀行が景気回復のために実施する政策が金融緩和です。市場に流通する資金を供給し、金利低下を誘導し、企業が資金調達を行いやすくします。景気を刺激して、消費の増加を促すので、物価上昇にもつながるとみられています。「異次元緩和」の正式名称は「量的・質的金融緩和」で、多様な方法で資金を供給、マイナス金利を導入するなど異例ずくめの緩和を続けてきました。コロナ禍以来、急激な物価上昇（インフレーション）が進行した欧米がすでに金融引き締めに転じ、相次いで金利を引き上げています。日本の物価上昇率も4%を超えましたが、日銀は、いまの物価高は一時的とみて金融緩和を続ける姿勢を続けています。しかし、今後、さらに物価上昇が続くようであれば、緩和姿勢の転換も検討せざるを得なくなるでしょう。

復習問題5

左記の文章が正しいかどうか、○か×で答えましょう。

第1問　財政を安定させるためには「均衡財政政策」が望ましい。

第2問　経済対策のためには乗数効果の高いものに投資することが望ましい。

第3問　景気を回復させるためには「貯蓄性向」を下げる必要がある。

第4問　ケインズ理論の副作用として多くの国であらわれるようになった現象は、次のうち**3**である。

1 インフレ　**2** 失業率の上昇　**3** 金融不安

＊答えは257～258ページにあります

Chapter.6

「お金の量」が問題だ
――フリードマン

「リバタリアン」とは何者か知っていますか?
アメリカの経済学者ミルトン・フリードマンは
「輸入関税なんかいらない、公営の有料道路なんか
いらない、社会保障すら必要ない」と主張しました。
この考え方は近年、先進国で支持されてきました。

POINT

フリードマンの「新自由主義」とは?

— 1 —

ケインズ経済学を否定する形で生まれたのが、
自由な市場を目指すフリードマンの新自由主義。

— 2 —

国家は市場に介入すべきではないとして、
社会保障制度や医療保険制度も必要ないと主張した。

— 3 —

日本でも銀行、証券会社、保険会社などの規制を
取り払う政策がとられ、派遣労働の促進につながった。

新自由主義の旗手 フリードマン

それぞれの時代に、さまざまな経済上の問題が起き、それに対して経済学者が解決策、いわば処方箋を出します。とりあえずそれでうまくいくことがあるのですが、やがていろいろな問題が出てきます。そのときに、それを解決するための新しい経済学が生まれる、それが経済学の歴史だったのではないかと私は思っています。マルクスのような考え方もあれば、ケインズのような考え方もあった。ケインズの政策によって、マルクスが予言したような恐慌は起きなくなりましたが、インフレーションの傾向が強まったり、各国が財政赤字に悩んだりという状態になってしまった。それではいけない、ケインズは間違っていたと主張したのが、**ミルトン・フリードマン**です。

フリードマンは、「**新自由主義の旗手**」と言われています。日本で言うと2001年からの**小泉・竹中路線**がその典型です。政府は国民の自由を尊重しよう、経済活動を自由にすればいい、という主張をしました。どうしてそういった理論になるのか、その結果どんなことが起きるのでしょうか。

ミルトン・フリードマン
Milton Friedman
(1912～2006)

アメリカの経済学者。「シカゴ学派」と呼ばれる一大学派を率いた。主著に『資本主義と自由』。1976年にノーベル経済学賞を受賞。

写真：時事

マネタリストとシカゴ学派

フリードマンは、**新自由主義**者であると同時に、経済をコントロールするためには〝お金の量〟を考えればいい、とする「**マネタリスト**」と呼ばれます。**マネタリズム**というのは、ケインズの主張する公共事業や累進課税に否定的で、**世の中を流れるお金の量さえコントロールしていれば経済はうまくいくんだよ**、という考え方です。

彼はシカゴ大学の教授として、多くの弟子たちを育てました。彼とその弟子たちは**シカゴ学派**と呼ばれています。シカゴ大学は、フリードマンに代表されるような新自由主義、マネタリストの牙城になっています。

絶対自由主義　リバタリアン

人間にとっていちばん大事なことは自由である、と考える人のことを**「リバタリアン」**と言います。リバティは自由という意味で、その派生語です。フリードマンは、人に迷惑をかけない限り大人が自由に行動できる社会を主張しました。極端に言えば、たとえば麻薬を吸うのは個人の自由であり、取り締まる必要はない、何かあったらそれは個人の自己責任であるとしています。麻薬は禁止されているから、闇の世界で密売とい

新自由主義
Neo-liberalism

国家による経済への過度の介入を否定し、個人の自由と責任に基づく競争と市場原理を重視する考え。

マネタリズム
Monetarism

市場経済の機能を重視し、政府の政策は貨幣量をコントロールするだけにとどめるべきとする考え方。

うかたちで金を儲けるやつがいる。麻薬の取り締まりをやめ自由な売買が行われるようになったら、その収益に税金をかければいいじゃないか、という考え方です。

かつてアメリカではお酒をつくるのも売るのも禁止とする**禁酒法**の時代がありましたが、アル・カポネに代表されるマフィアたちが酒を密売することによって犯罪組織が拡大してしまいました。禁止するから裏で闇世界がはびこるのだ、個人の責任で何でもやればいいじゃないか、これがフリードマンの考え方です。

社会保障はいらない？
――世界に影響を与えた新自由主義

フリードマンは、国の社会保障政策す

●**シカゴ学派**
新自由主義とマネタリズムを掲げる経済学派。

リバタリアン
経済でも宗教でも政府の介入を嫌う絶対自由主義者

●**禁酒法**
アメリカで1920～33年に実施された酒の醸造・販売・輸入を禁じた法律。

ら必要ない、と唱えました。どのような老後を送るかは人々の自由に任せればいいんだ、国がわざわざ個人の社会保障に口を出して税金を集めるのは、自分のお金を自由に使うことへの侵害ではないか、と考えたのです。

彼の思想はアメリカやイギリスの政策に非常に大きな影響を与えました。

イギリスでは1979年に保守党の**サッチャー首相**が就任し、それまで労働党政権が行っていたさまざまな規制を次々と取り払いました。労働者が反発してストライキが多発しましたが、サッチャー首相はそれをはねのけて徹底した新自由主義を打ち立てました。

アメリカでは1981年に共和党の**レーガン大統領**が就任し、次々と規制緩和を行いました。これに反発し、全米の飛行機の離陸から着陸までをコントロールしている管制官たちが、規制緩和をすると空の安全を保てないとストライキを行ったのですが、レーガン大統領はストライキに参加した管制官を全員解雇しました。徹底したやり方で新自由主義を実践していったのです。フリードマンの思想は、レーガン大統領からジョージ・W・ブッシュ大統領に至るまで、共和党の大統領に強い影響力を持ち続けました。

「小さな政府」を提唱したフリードマン

フリードマンは、政府は国民の自由を尊重するべきだ、そのために守るべき二つの

フリードマンは「小さな政府」を主張しました

●**マーガレット・サッチャー首相**
1979〜90年まで在任。規制緩和や政府系企業の民営化を行い、その政策はサッチャリズムと呼ばれた。

●**ロナルド・レーガン大統領**
1981〜89年まで在任。福祉予算の削減、企業減税、規制緩和などを行い、その政策はレーガノミクスと呼ばれた。

基本原則があると言っています。まず、政府の仕事は国防であるということです。外国の敵から国を守ること、それから国内で同じ国民の暴力などから個人を守ること。アダム・スミスも、政府がやるべきことの中に、国防や司法行政の確立を挙げましたが、フリードマンもこれを第一の基本原則としました。

もう一つは、**どうしても政府がやらなければいけないことがあれば、政府がやるのではなく、なるべく下の地方自治体に任せたほうがいい**ということです。行政は、国よりは州に、州よりは市町村に任せるべきだという考え方です。というのも、アメリカの国民が国の政策に対して「これは気に食わない」と思っても、アメリカを出ていくことはなかなかできない。でも市町村単位なら、自分の住んでいる市の政策が気に食わなければ、よその市に引っ越すことができる。またそれぞれの

自由な市場経済は、言論の自由を守る

フリードマンは、自由な市場経済は結果的に言論の自由をも守ることになる、と主張しています。その例として、東西冷戦時代にアメリカで起きた「赤狩り」の例を挙げています。1940～50年代、アメリカでは「赤狩り旋風」が吹き荒れ、ハリウッド映画界でも、共産主義者と疑われる人物はみな追放されてしまったのです。

ところが10年後、「赤狩り」でハリウッドを追われた脚本家がアカデミー原案賞を受賞しました。その映画の監督は彼の経歴を知っていたけれども、その才能を買って仕事を依頼したということでした。

フリードマンは「もしも雇用主が政府しかいなかったら告発された人々は路頭に迷うしかなかっただろう」と述べています。自由な市場経済があるからこそ、人々は自由な活動をすることができる、そう考えていたのです。

市町村にしてみれば、もし住民たちが反対するようなことをしたら、住民みんながその市町村から出ていってしまうかもしれない、そう考えたらうっかりしたことはできない、というのがフリードマンの考え方なんです。

フリードマンは著書『資本主義と自由』の中で、たとえばパンを買う人は、小麦を栽培したのが白人であろうと黒人であろうと共産主義者であろうと意識しないだろう、と述べています。パンを焼いたのが誰だろうと、おいしいパンは売れる、それでいいじゃないか。自由なマーケットがあれば、政治的、民族的な差別もなくなるのだという考え方なんですね。

14項目の「こんなものいらない」

さて、フリードマンは自著の中で「こんなものいらない14項目」というのを挙げています。ここからは、そのいくつかを紹介します。

その1 農産物の買い取り保証価格制度はいらない

まず、**農産物の買い取り保証価格制度**です。アメリカやヨーロッパでは、農産物の値段が非常に安くなってしまったら、政府が買い上げるというかたちで農家を守ろう、という制度があります。日本でも民主党政権時代の**農業者戸別所得補償制度**という似

●**農業者戸別所得補償制度**
農家を保護するため、農産物の価格が生産コストを下回った場合、政府がその差額を農家に補償する制度。

フリードマンの「こんなものいらない」14項目

1. 農産物の買い取り保証価格制度
2. 輸入関税または輸出制限
3. 家賃統制、物価・賃金統制
4. 最低賃金制度や価格上限統制
5. 現行の社会保障制度
6. 事業や職業に関する免許制度
7. 営利目的の郵便事業の禁止
8. 公営の有料道路
9. 商品やサービスの産出制限
10. 産業や銀行に対する詳細な規制
11. 通信や放送に関する規制
12. 公営住宅および住宅建設の補助金
13. 平時の徴兵制
14. 国立公園

フリードマンは14項目の「こんなものいらない」を主張しました

たような政策がありますが、米などを生産する農家が赤字になったら、政府が最低保証価格との差額を補償するという制度です。フリードマンはこういった政策を批判しています。

なぜ買い取り保証価格制度はいらないのでしょうか。まず、農産物を大量に出荷している金持ちの農家は、この制度によって余計儲けることができる。その一方で貧しい農家は、そもそも出荷している農産物が少ないわけだから、これを政府が買い取ったところで貧しい農家を助けることにはならないんだという考え方です。

また、その農産物を買い取るお金は国民から集めた税金です。つまり、消費者にしてみれば税金をとられたうえに高い農産物を買わなければいけない。だからこんなものはいらない。これがフリードマンの主張です。

私たちは、食料自給率を高めなければいけない、そのためには農業が元気であったほうがいいと考えますね。そのとき、たとえばこの農産物の買い取り保証価格制度を打ち出せば、農家を守れるし、選挙で農家の支持が得られたりするかもしれない。でもそれを冷静に経済学的に考えると、あまり効果がないのではないかということです。

ただ私があなたに言いたいことは、このフリードマンの考え方が正しいと押しつけているわけではないということです。こういう考え方もあるんだということを知ったうえで、これが本当に正しいのかそうでないのか、ということはあなたが自分の頭で考えてくださいね。あるいは自分の頭で考えられるように、基礎的な勉強をしてほしいということです。

頭の体操になりますよね。フリードマンのような考え方があるんだということを、一つの頭の体操、論理の展開として知っておいてほしいと思います。

その2 輸入関税・輸出制限はいらない

輸入関税、または**輸出制限**について考えてみましょう。**輸入関税**というのはだいたい世界のどこにでもあります。外国からものが輸入されるとき、輸入業者から税金を徴収するわけです。そうすると海外から輸入したものを国内で売ろうとするときに値段が高くなりますから、国内の業者を守ることができます。たとえば米や小麦が海外から非常に安い値段で入ってきてしまうと、日本の農家が打撃を受ける。あるいは海外から入ってくる自動車に高い関税をかければ、多くの人は国産車を買うだろう。そうすることで国内の産業を守ろう、これが輸入関税です。

逆に、どんどん輸出をされてしまうと国内でものが不足したり値段が高くなったりしてしまうから、これを制限しようという輸出制限。こういう制度は意味がないというのがフリードマンの考え方です。

さあ、ではフリードマンが輸入関税はいらないと考えた理由をあなたにも考えてもらいましょうか。フリードマンの理屈で言うと、なぜ輸入関税はいけないのでしょうか。

輸入関税
輸入品に対してかけられる関税

学生Ａ　たとえば日本に外国車が入ってきたらすごく高いけれど、逆に外国に日本の車を輸出するときも同じと考えたときに、いいものを余計に高くしなくてもいいんじゃないかなと。

学生Ｂ　関税をかけないことで、同じ種類の製品のメーカー同士を切磋琢磨させるため。

わかりました。２人の話を合わせると正解です。輸入関税をかけることによって海外の安くていいものが国内で高くなってしまうと、消費者のいいものを安く買う権利が奪われる。と同時に、輸入関税をかけなければ守れないような産業は非常に効率が悪い。効率が悪い産業を残すことは**資源の最適配分**にならないから、潰れてしまっても仕方がない。あるいは潰れないように効率的な経営をし、切磋琢磨することによって外国の企業に負けないような産業をつくることが大事なんだ、これが輸入関税はいらないという理屈になるということですね。

こういう考え方があり得るということを、頭の体操として知っておいてください。

その３　家賃統制、物価・賃金統制はいらない

こんなものいらない３つめ。**家賃統制**というのは、国なり地方自治体なりが、家賃

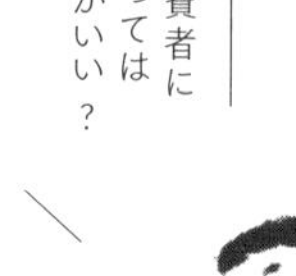

をいきなり上げてはいけないよ、と統制することです。たとえば物価がどんどん上がって土地代が上がってきたときに、大家さんがアパートの家賃を7万円からいきなり10万円にします、と言ったら困りますね。そこで、たとえばの話、10畳のアパートだったら8万円を上限とする、というふうに家賃を統制することによって、その部屋を借りている人の権利を守るという考え方です。同じように、**賃金統制**とは、賃金の上昇を規制するやり方です。

一見すると、家賃統制がいらないというのはフリードマンが弱い立場の人たちに対して厳しいことを言っているというふうに受け取れます。ではなぜフリードマンは家賃統制をしてはいけないと考えたのでしょうか。

学生C　それ以上儲けが出ない。

大家さんにとっては儲けが出ない。でも借りている人にとっては助かることじゃない？　フリードマンは、家賃統制をすると大家さんだけではなく借りる側にもマイナスだからやめるべきだと言っている。ちょっと「えっ」と思うでしょう。

学生D　たとえばマンションの一室も、市場の中では一つの商品なわけだから、むやみに統制すると商品同士の切磋琢磨がなくなり、環境の向上が図られなくなっ

てしまうからではないか、と思います。

おおよそ正解です。つまり、大家さんにしてみれば家賃をあまり上げてはだめだということになると儲からなくなるよね。じゃあ部屋はどうでもいいや、どうせ安い家賃なら入居者はいるだろうけど、儲からないんだから壁紙を替えたりなんかしないよ、どこかが壊れても知ったこっちゃない、と住環境がどんどん悪くなっていく。あるいは、新しいアパートやマンションを建てても安い家賃しかもらえないといって、アパートやマンションの建設が止まってしまう。その結果、新しい部屋に入りたくても入れない、これまであるアパートはどんどん荒れ果ててしまう、これがフリードマンの理論なんですね。かつてアメリカでも地域によっては実際にこういったト

ラブルが起きていたようです。

逆に、家賃が上がっていけば儲かるから、次々にアパートやマンションの建設が進んでいく。新規参入によって供給が増えれば、やがて需要と供給が釣り合って値段が落ち着くから、統制をする必要はない、というのがフリードマンの発想です。

その4　最低賃金制度はいらない

最低賃金制度というのが日本にもあります。この最低賃金より安い給料を労働者に払うのは法律違反なんですね。1時間当たりの最低賃金は都道府県によって違いますが、たとえば東京や大阪といった大都市は高く、地方ではやや低くなっています。

フリードマンはこの最低賃金制度もいらないと言いました。労働者を守るはずの制度なのに、なぜいらないのでしょう。

学生E　最低賃金が決まっていたら、労働者がどうせこれだけお金がもらえるんだから、そんなに頑張って働かなくてもいいやと思ってしまうから。

なるほど。こういうのを**モラルハザード**と言いますね。モラルは道徳、ハザードは危険とか災害という意味で、道徳的危険という言い方もします。働いても働かなくてもどうせこれだけもらえるんだからといってみんな働かなくなるということです。い

最低賃金制度
賃金水準の下限を法的に定める制度

日本では各都道府県別に最低賃金が定められている。2022年の全国平均は1時間961円。

●モラルハザード
主に金融の世界で発生する被保険者のリスク回避行動の阻害という現象を指す。保険業界では保険加入によって生じる安心感から運転者がリスクを冒しやすくなることなどが一例。

まの話は経営者にとって困ることだよね。ところが最低賃金制度を設けると、守られるべき労働者にとって不利だよとフリードマンは言っています。さあ、どうしてだろうか。

学生F　最低賃金が決まっていると、それより低い賃金で働かせようという企業の働き口がなくなる。

そのとおりです。つまり最低賃金を定めることで、雇用側がそれだけの給料を払えないよということになると、じゃあ採用を控えようかということになって、かえって失業者が増えてしまうことになる、という理屈なんですね。わずかな給料でもいいからとにかく働きたい、とにかく給料をもらいたいという人にとってみれば、最低賃金制度は邪魔になるというのがフリードマンの考え方です。

しかし、その一方で最低賃金制度がなくなり、ものすごく安い給料で働かされる人が増えてきたら、その人たちの権利はどうやって守るのだろうかという考え方もありますね。かろうじて生活できる程度のお金は保証すべきだと考える人たちは、この制度は必要だと考えるわけですね。

日本の場合は最低賃金制度が定められています。この制度はいらないという考え方がある、そのうえであなたにはどうしたらいいかを考えていただきたいということです。

ちょっと刺激的な考え方でしょう。フリードマンはこういう挑発的な言い方をして、それまでタブーだと思われていたことをあえてやってみたらどうかという主張を、次々に打ち出してきたんですね。

その5 社会保障制度はいらない

続いて、いまのような**社会保障制度**はいらないという考え方です。たとえば年金制度、そんなものは国がやるべきじゃないよということです。日本では、20歳以上60歳未満の人が保険料を10年以上払っていけば、原則65歳から一定の年金が受け取れるという**国民年金**などのしくみがあります。しかしフリードマンは、個人の所得を国が勝手に取り上げて、国が勝手にいいと定めたことに使うのは、自分のお金を自由に使う権利を侵害していることになると主張しています。自分で働いているあいだに自分で増やすことを考えればいいだろうという考え方なんですね。

さあ、ここまではフリードマンはどう考えたかをあなたに考えてもらいました。今度は、この意見に賛成か反対か聞いてみましょう。年金制度を国がやる必要はない、個人に任せるべきだ。このフリードマンの主張に賛成あるいは反対の人、意見を言ってもらえるかな。まず、反対の人。

●**年金**

日本の公的年金には、満20歳以上、60歳未満のすべての国民が加入する「国民年金（基礎年金）」と、会社員や公務員などが加入する「厚生年金」がある。国民年金は、保険料を納めた期間などに応じて年金を受け取れる。厚生年金は、保険料を納めた期間と働いていたときの賃金に応じた年金を、国民年金に上乗せして受け取れる。

学生G　やっぱり人は守られたいという願望があると思うんですけど、将来不安なことばかりで先のことなんか見えないから、いま頑張って、年金のためにお金を費やしたら、将来安心できる。

なるほど、つまり将来が不安だ、その不安を守るしくみがあったほうがいいよということだね。ほかにフリードマンの主張に反対の人、どうかな。

学生H　お年を召した方には、体が不自由になったり、身寄りのない方もいらっしゃったりすると思うので、福祉施設やサポートできる制度が整っていないと家族だけでは補えないと思うし、社会福祉の事業に関わる人の仕

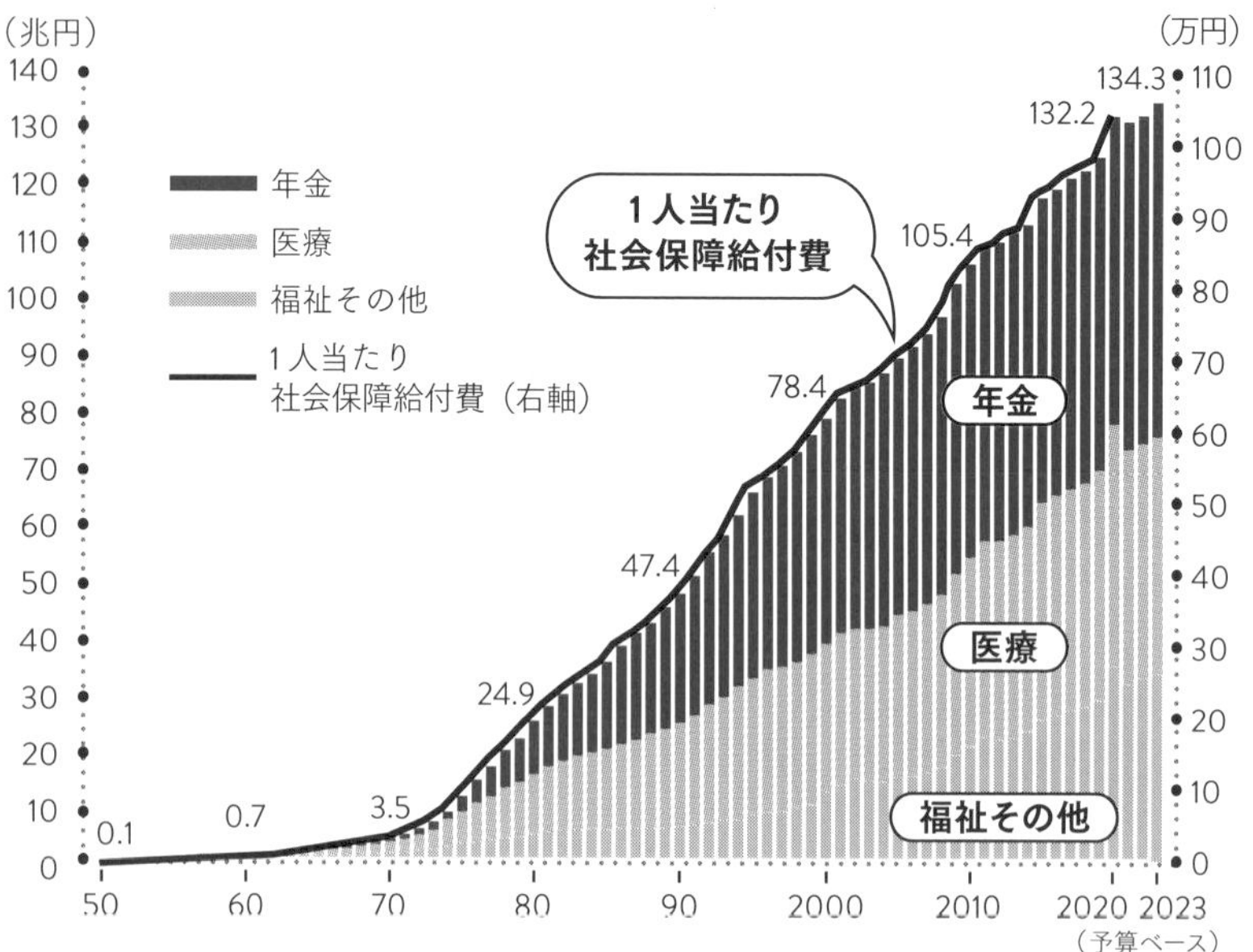

厚労省「社会保障給付費の推移」を元に作成

事を増やすことにもなると思うので、いると思います。

わかりました。そういう意見もありますね。じゃあ今度はフリードマンの意見に賛成という人はいますか。社会保障制度はいらない。

学生I 健康保険のような社会保障は必要だと思うんですけど、年金となると、いまの年金制度自体も年金記録がわからなくなってしまったりしていて、すべて国が管理するのはかなり難しいことだと思いますし、ぼくたちはいま払っていても将来年金がもらえるかというのも不明確なので、制度をつくっておいて結局管理できないのであれば、ほとんど制度としては必要ないんじゃないかなと。

ありがとう。社会保障制度についてそれぞれの意見をきちんと言ってくれました。そのうえで、いま意見を言わなかった人たちも、考えるきっかけにしてくれればと思います。

私はあえて自分はどう思うかということは言いません。フリードマンのこの問題提起をきっかけに、これまで社会保障制度は必要だと思っていた人たちはちょっと待てよと考えたり、あるいは、じゃあ社会保障制度ってどうあるべきものなのか、ということを考えたりしていただきたいと思います。

その6 事業や職業に関する免許制度はいらない

では次にいきましょう。**事業や職業に関する免許制度**です。フリードマンは医師免許を例に挙げています。たとえば日本では、医師免許がない人が医療行為をすると医師法違反になります。しかし、フリードマンはこう言います。治療すべてに医師免許が必要ということになると、ちょっとしたけがでもお医者さん以外の人は診ることができない。そうするとお医者さんは細かい仕事に追われて、本当に医者でなければできないような重大な手術や治療ができなくなる。

誰だって自由に医療活動ができるようにする。問題が起きてしまった場合は、過失致傷で裁判に訴えて取り締まればいいじゃないか。そちらの法律が充実していれば、きちんとした技術を持った、あるいは教育を受けた人が医療活動をやるようになるだ

社会福祉の制度はいると思いますか?

●年金記録問題
2007年、基礎年金番号に統合されていない持ち主不明の年金記録約5095万件の存在が明らかになった。

ろう。だから医師免許なんていらないんだよ、ということです。

おもしろいでしょう。この考え方でいけば、学校の先生もそうだよね。小学校、中学校、高校も教員免許がなければ教えることができませんね。さらに、中学・高校は教えられる科目まで決められている。免許があっても教え方が下手な先生がいるわけだから、教え方が上手だったら免許なんかいらないじゃないか。誰でも教えられるということになれば激しい自由競争になるから、先生たちが一生懸命技術を向上させようという気になるんじゃないか、という理論があるということですね。

その7 民間の郵便事業を禁止してはいけない

続いてこちらです。**営利目的の郵便事業の禁止**はいらない。つまり自由にやらせればいいよということです。アメリカでは郵便局は国がやっていて、金儲けのために株式会社が郵便事業をすることを禁止している。しかし郵便事業は民営化してかまわないよ、どんどんやればいいじゃないかというのがフリードマンの意見です。あれ、どこかで聞いたような話ですね。

小泉政権時代に**郵政民営化**というのがありました。日本では郵便事業はすべて国有で、郵政省という国の役所がやっていましたが、民間企業にやらせればサービスがもっとよくなるんじゃないかということで、郵政省から日本郵政公社に移行し、小泉構造改革によって、どんどん郵政の民営化が推し進められたのです。この郵政民営化は、

●郵政民営化
旧郵政事業庁から、郵便、郵便貯金、簡易保険の3事業を引き継いだ旧日本郵政公社の民営化。小泉政権の下、2007年に持ち株会社と4つの事業会社に分社化された。

フリードマンの理論に則って行われたということがわかりますね。

その8　公営の有料道路はいらない

それから公営の有料道路。これも民間企業に任せればいいじゃないか。**道路公団の民営化**、あれ、誰の時代にやったんでしたっけ。**小泉・竹中時代**ですね。この規制緩和や特殊法人の民営化などを推し進めた小泉・竹中路線は、まさにフリードマン型の経済政策だったのだということです。

学校選択制もフリードマンが提唱した

さらに、日本では1998年から**学校選択制**というのが各地で始まっています。昔は公立の小学校は校区が決められていて、住む地

小泉政権時代の郵政解散

2001年に発足した小泉政権。就任直後、小泉総理は「聖域なき構造改革」を掲げ、道路公団や住宅金融公庫などの特殊法人の民営化へと乗り出しました。中でも改革の本丸としたのが、郵政民営化です。

しかし、与党内からは次々と反発の声が上がり、05年8月、参議院で郵政民営化法案は22人の自民党議員が造反し否決。これを受けて、小泉総理は衆議院解散・総選挙を強行しました。

小泉総理はこれを郵政解散と銘打ち、反対する議員を抵抗勢力と呼んで党の公認を与えず、さらに同じ選挙区に自民党公認候補を刺客として送り込みました。

結果、総選挙では自民党が歴史的大勝利を収め、再度提出された郵政民営化法案は衆参両院で可決、成立しました。

域によって通う学校が決められていましたが、いまは自治体によってはその地域内であればどの学校に通ってもいいよというところが増えています。それによって学校側は、先生たちがろくな教え方をしていないと生徒が集まらず学校が潰れてしまう、と危機感を持ち、我が校ではこんなに教育熱心ですよ、と一生懸命アピールするようになりました。この学校選択制を提唱したのもフリードマンなのですね。

企業の社会的責任は不要

日本でも、**企業のメセナ活動**というのがあります。企業がコンサートや絵画展を開いたり、若手の芸術家を招いてイベントを開いたりしていますね。

フリードマンはこう言っています。企業経営者は社会的責任など考える必要はない。企業というのは、株主のものである。だから企業経営者は利益を上げて、それを株主にどれだけ渡すかを考えればいいんだ。株主に利益を配分することなく、儲かったのでといって勝手にメセナ活動やボランティア活動などをやったら、株主に対する裏切りになる。

儲かったらちゃんと株主に利益を渡し、その利益を受け取った株主がメセナ活動なりボランティア活動なりをすればいい。これがフリードマンの主張です。

●道路公団の民営化
国の特殊法人改革の一環として、約40兆円の債務返済、道路建設のコスト削減、サービスの多様化などを目指し行われた旧道路4公団の民営化。

●小泉・竹中路線
小泉首相が民間から経済学者の竹中平蔵氏を経済財政担当大臣に起用、竹中氏は小泉構造改革の知恵袋となった。

●学校選択制
教育行政の規制緩和が推進される中で、学校選択制が広まった。特色ある学校づくりや教育の質の向上につながるとの支持がある一方、学校格差の拡大などを招くという批判もあり、いったん制度を導入したものの見直す自治体も現れている。

累進課税も意味がない

前の回では、ケインズが**累進課税**でお金持ちから税金をとることによって消費活動を増やそうという主張をしていましたね。フリードマンはそうではありません。一律課税でいいという。なぜでしょうか。

累進課税は所得に応じて税率を高くするやり方ですから、もともと財産を持っている人からは税金をとることができません。いまからどんどん稼いでいこう、これから豊かになろうという人から高い税金をとることになるのです。これは言ってみれば懲罰を与えるようなものだ。これから富を築こうという人に重荷になる。だから、みんな一律の税金でいいじゃないかという考え方なのです。

ティーパーティー（茶会党）に通じるフリードマンの思想

アメリカに**ティーパーティー**という保守派の市民運動があります。日本語訳で茶会党と言ったりしますが、ティーパーティー、お茶会ですね。1773年に起きたボストン・ティーパーティー事件にちなんだ名前です。アメリカがかつてイギリスの植民地だったときに、本国からの重い課税に憤慨したアメリカ市民が、ボストン港に停泊

●企業のメセナ活動
企業などによる、経済的に成り立ちにくい芸術活動の支援活動。日本では1990年に企業メセナ協議会が発足し、企業の援助金がこの組織を通じて配布されるようになった。

●ティーパーティー
政党ではなく市民や保守系の民間組織によるゆるやかな連合体のこと。2009年、オバマ政権による大型景気刺激策への反対運動として発生した。

していたイギリスの紅茶運搬船を襲撃し、積み荷の紅茶を海に投げ捨てたという事件がありました。「さあ、ティーパーティーだ」と叫んだので、この名称があります。紅茶が海に溶け出して海の色が変わったそうです。この事件をきっかけに、アメリカ独立戦争が始まったんですね。

現代のティーパーティー運動は、税金の無駄遣いをやめて、小さな政府を推進しようという運動です。そもそもアメリカは高い税金に反対した人たちが建国した国だということを思い出してもらおうと、ティーパーティーの名前を使っています。増税に反対し、オバマ政権の大型景気対策や福祉政策を批判しました。

社会保障制度も医療保険制度もやめるべきだ、とにかく税金を減らせというフリードマンの思想は、このティーパーティー運動にも通じています。

日本における新自由主義政策——労働者派遣の自由化

日本では、この新自由主義的な政策は1996年の橋本政権時代から始まっていました。橋本内閣は**金融ビッグバン**と呼ばれる金融制度改革を行い、銀行、証券会社、保険会社などに対する規制を次々と取り払ったのです。これにより、金融機関の再編が加速していきました。

そして小泉構造改革では、規制緩和の考え方が雇用政策に及びました。**派遣労働の**

金融ビッグバン
日本の金融制度の大改革

徹底的な金融自由化による利用者の利便性向上を図ることがねらい。橋本首相は1998年6月に金融システム改革法を成立させた。

自由化です。派遣労働というのは、もともとはSE（システムエンジニア）など極めて特殊な知識や技術を持った専門職に限られていたのですが、次第に対象業務が拡大していって、2004年には工場の現場などで働く製造業派遣が解禁され（最長3年まで）、急速に派遣労働者の数が増加していったのです。その結果、2008年のリーマン・ショックを発端とした景気の悪化により、大量の派遣切り問題が深刻化しました。これを機に、労働者派遣の規制緩和を進めた新自由主義政策に対する批判が高まりました。

現在も、製造業の派遣労働については議論が続いています。民主党政権は労働者派遣法を改正して派遣労働を規制しようとしましたが、反対論も強く、派遣労働は実質的には禁止されていません。

フリードマンの思想を踏まえて考えてみよう

フリードマンのすべてを自由にするという発想、ちょっと新鮮と言いますか、挑発的なと言いますか、非常に刺激になったのではないかと思います。あなたは、フリードマンならどう考えるか、ということを自分なりに考えることができました。そのうえで、その考え方に賛成、反対の意見がありましたね。これが大事です。経済学者や政治学者が言ったことに対してすぐ賛成、反対ではなく、どうしてそういう考え方が

●**派遣労働の自由化**
2004年3月に労働者派遣法が改正され、派遣できる対象職種が原則として自由化され、製造業への派遣も解禁された（最長3年まで）。

論理を理解すること、これが大事なのです

生まれてくるのか、まずその論理を理解することが大事なのです。

フリードマンの新自由主義を高く評価する声がある一方で、これは強い立場、有能な人の論理であって、弱者には成り立たない理屈ではないのかという批判があることも事実だということです。私の説明はそこまでにとどめておきます。

補足講義 10

負の所得税

コロナ禍で収入が減ったり、職を失ったりした人が増えたことで「ベーシックインカム」という考え方に注目が集まりました。政府が生活保障のために年齢や性別などを問わず、すべての人に一定の金額を支給するしくみです。日本では2020年に緊急経済対策として、政府が国民全員に一律、特別定額給付金10万円を配りました。これが毎月、支給されるような制度です。欧州では早くから議論されてきましたが、導入はされていません。

フリードマンは『資本主義と自由』(1962年)で、これにほぼ近い制度を提案しています。有名な「負の所得税」です。政府の介入を徹底して排除しようとした、自由の闘士らしからぬと思われるかもしれませんが、これも政治的、経済的な自由を守るための提案だったのです。まず、一定の税率と基準となる基礎控除額を決めます。この基準を上回ると課税し、下回ると、政府が給付金を払います。低所得者ほど多くの給付金を受け取ることになります。この制度を使うと、最低所得を保障できるし、税金を払うなら働きたくないという労働意欲の減退もそれほど起こらないといいます。複雑な福祉、社会保障制度をこのしくみに一本化できると考えていたようです。米国では1970年代にも検討されましたが、実現はしていません。フリードマン自身も、政治的に扱いが難しい制度で、議会の多数派が渋る少数派に税金を強要する恐れがあると指摘。その危険を避けるには、「一方の自制と他方の善意」に期待するしかないと書いています。

左記の文章が正しいかどうか、〇か×で答えましょう。

第1問 フリードマンの理論は、アメリカのジョージ・W・ブッシュ大統領にも影響を与えた。

第2問 「リバタリアン」とは自由を何よりも優先する人のことである。

第3問 フリードマンによれば、会社の経営者は株主のために働くべきだ。

第4問 フリードマンの「こんなものいらない」14項目に入らないものは、次のうち**3**である。
1 社会保障　**2** 輸入関税　**3** 学校選択制

＊答えは258ページにあります

Chapter.7

自由貿易と保護貿易で揺れる世界

——比較優位

19世紀に経済学者リカードが発見した
貿易の大原理「比較優位」によって、
国際貿易は世界の常識になりました。
ここでは、自由貿易がなぜ大切なのか、
いまなぜ危機に直面しているのかを考えていきます。

リカードの「自由貿易」とは？

— 1 —

経済の発展には、
世界市場での自由貿易がなくてはならない。

— 2 —

世界恐慌をきっかけに
自国の経済を守る保護貿易が出てきた。

— 3 —

自由貿易の拡大が進んでいるが、コロナ危機やロシアのウクライナ侵攻、米中対立などで再び保護主義に。

自由貿易が経済の発展を進めた

あなたはきっと「**世界の工場**」という表現を高校の世界史などで習ったことでしょう。世界中から輸入した原材料を使って、大量生産した工業製品を世界中に輸出する大規模な工業国のことですね。いま、世界の工場はどこの国でしょうか。それは、もちろん、日本を超えてアメリカに次ぐ世界第2位の経済大国になった中国ですね。「世界の工場」というのは、もともと19世紀に産業革命を経て、世界の工業生産額の半分を占めるような大工業国に発展したイギリスのことでした。イギリスの経済学者のジェボンズがそう呼んだことが始まりと言われています。20世紀になると、そのイギリスがだんだんと衰退して、これにとって代わったアメリカや日本がそう呼ばれるようになったのです。さらに、今世紀には、「改革開放」に転じたことで、めざましいスピードで経済成長を続けた中国のことを指すようになりました。

こうした経済発展が可能になるには、前提条件があると言われています。それは、自由貿易の推進です。イギリスが大工業国となった背景には、輸入品に高い関税をかけて自国の産業を守る保護貿易に反対して、世界市場の拡大、自由貿易を進めたことがあると言われています。第二次大戦後にアメリカが超大国になっていく際には、やはりグローバルな自由貿易の広がりが基盤となっていました。また、日本が経済大国、貿易大国として発展していくためにも、自由な貿易の広がりという条件が欠かせませんでした。中国が積極的な貿易の拡大と外国資本の導入によって急成長を遂げたのも、自由貿易を推進できるように、米欧や日本など世界各国が関税の引き下げなどさまざまな努力をして環境を整えていたからです。自由貿易ができる世界市場が「世界の工場」を育てたわけです。

ところが近年、この動きに急ブレーキがかかっています。自由貿易を推し進めてきたアメリカ自身が「**自国第一主義**」を掲げて保護貿易に方向転換するなど、すっかり様子が変わってしまいました。その結果、これまで「世界の工場」中国と取引してきた貿易相手国の姿勢や対応もさまざまに変わってきています。

リカードの比較優位によって常識となった国際貿易

さて、そうした変化について触れる前に、そもそも自由貿易とは何か、国際貿易とは何のことか、よくわからないという人も実は多いのではないかと思います。そこでまずは、そもそも、世界の国々はなぜ貿易をしているのか、つまり、なぜ互いに工業製品などを輸出したり、輸入したりしているのかを考えていきましょう。

国際貿易において、非常に大事な概念、考え方があります。それは、**「比較優位」**の原理、「比較生産費説」と呼ばれる仮説です。これは富の源泉としての分業に気づ

自国では生産性の高いものの生産に特化し、ほかのものは他国から輸入することで、より多くのものを得ることができるという考え方。この考えによって、19世紀以降、国際貿易が活発となった。

いたアダム・スミスの理論をひきついで、イギリスの**デヴィッド・リカード**という経済学者が唱えた国際貿易の大原理です。個人の分業と同様に、国同士も仕事を分担して国際貿易をすると、実は双方にとってもいいことがあるということを発見したのです。同じ国の中で会社や個人がモノやサービスを売り買いする、つまり分業、交換をすることで、互いに利益が得られる。これを違う国同士の関係に当てはめても、同じような利点があるのです。貿易をすることは、経済発展にもつながっていきます。現代日本で生活している私たちは、世界中から輸入されたモノに囲まれて暮らしています。輸入するためのお金は、企業が世界中にさまざまな製品を輸出して稼いできたものです。こうした輸出入、貿易が行われることで、豊かに暮らしています。その背後で働いているのが、この「比較優位」の原理です。この原理を知っていれば、世界の貿易で何が起きているのか、日本はどうしていけばいいのか、あなた自身が判断できるような手がかりを得ることができるのではないかと思っています。

リカードが発見した貿易の大原理

では、「比較優位」の原理とはどんなものか、説明していきます。最初はとっつきにくいかもしれませんが、これを理解できると、いろいろなことに応用できることに気づかされます。

写真：dpa / 時事通信フォト

デヴィッド・リカード
David Ricardo
(1772-1823)

イギリスの経済学者。アダム・スミスの『国富論』に影響を受け、自由貿易を擁護する理論を唱えた。

リカードが説いたのは、国と国がどう役割分担をして分業すれば、お互いに利益が得られるかという理論です。その際、相手の国と貿易をするかどうかを決めるのは、どちらの生産費が安いかどうかという「絶対優位」ではなく、他国と比べて得意な分野「比較優位」を生かせるかどうかによるというのです。国内の生産費が外国より高くても、商品を輸出するほうが利益がある。反対に国内の生産費が外国より安くても輸入するほうが得だ。両国にとっていいことがあるという例を示してみせたのです。

相対的に優位なものを見出す「比較優位」

まずは、「絶対優位」のことを考えてみましょう。これはちょっと思い浮かべてみても、わかりやすいですね。仮に、A国とB国という2国があるとします。それぞれの国には、労働者が200人ずついて、同じように小麦と自動車を生産しているとしましょう。

小麦の生産では、A国は労働者が100人で、生産量は1000とします。数字だけで考えるので、単位は省いています。一方のB国は同じ100人の労働者で、900生産している。ここで両国の生産量を合計すると、1900になりますね。

次に自動車です。A国は労働者100人で、生産量が500です。B国は労働者100人で生産量が300です。2つの国の自動車生産量は合計800になります。

こう見てくると、A国は小麦、自動車ともに、B国よりも効率がいいことがわかります。農業も工業も、B国よりもA国のほうが絶対的にいい。これを「絶対優位」といいます。絶対優位にあるA国は、B国と貿易などしないで、自分の国だけでやっていくほうがいいようにも思えます。ところが、実はそうではない。両国は、相対的に見て優位にある得意分野、相手よりも安く効率的に生産できる得意分野「比較優位」に専念して、貿易によって、その製品を交換したほうが双方にとっていいことがあると、リカードは主張したのです。

さて、それでは、この得意分野「比較優位」とはなんでしょうか。もう少し、具体的に見ていきましょう。先ほどの例では、小麦でも自動車でも、生産量ではA国のほうがB国よりも絶対的に優位です。でも、その優位の度合いをよくみてみましょう。小麦の生産量はA国が１０００、B国が９００なので、B国はA国の１０００分の９００、つまり10分の9、生産量の9割の生産があります。一方、自動車の生産量をみると、A国は５００、B国は３００ですから、B国はA国の５００分の３００、つまり5分の3、０・6の生産量です。要するに、B国はA国の生産量の6割しか生産できないのです。

こう見てくると、B国はA国に対して、小麦も自動車も、ともに生産量は絶対的に劣っているのですが、劣っている度合いを比べてみると、小麦の生産は9割、自動車の生産は6割ですから、小麦のほうが劣っている度合いが少ない、つまり「優位」だということがわかりますね。B国は小麦の生産においては比較優位を持っていることになります。一方のA国は、B国よりも高い生産能力のある自動車について、比較優位を持っているわけです。

そして、それぞれの国が比較優位を持つ分野に専念、特化すれば、互いにいいことがある、全体の経済効率、生産性が高まるというのが、比較優位の考え方なのです。そこで、A国とB国が、それぞれ得意分野に専念して、それ以外の商品、製品は相手国から輸入するとなると、どうなるかを考えてみましょう。

下の図に、簡単な例を挙げています。たとえば、A国は200人の労働者の180人を自動車に、20人を小麦に振り分けます。これによって、自動車の生産を900に増やし、小麦は200に減らします。一方、B国は、自動車生産ではA国にとてもかなわないので、小麦の生産に特化して、労働者200人全員を小麦生産に回して、小麦1800を生産できるようになりました。

A国とB国の生産量を合計してみてください。小麦は、200＋1800＝2000、自動車は900＋0＝900。得意分野に特化する前に比べると、小麦は1900から2000に、自動車も800から900に生産量が増えました。つまり、自分が優位にある分野に専念する

絶対優位

	小麦 労働者	小麦 生産量	自動車 労働者	自動車 生産量
A国	100人	1,000	100人	500
B国	100人	900	100人	300
	合計	1,900	合計	800

ことによって、全体的な経済効率が高まり、両国とも利益が得られるというわけです。

小麦も自動車もそれぞれの数字だけを比べると、B国はA国に対して、絶対的に勝てません。ところが、勝てない度合いには違いがあって、自動車生産では圧倒的に負けているけれども、小麦の生産ではちょっと負けているくらいです。A国は圧倒的に有利な自動車産業になるべく力を入れ、B国は小麦の生産に専念すると、小麦、自動車とも全体の生産量は以前よりも増えるので、両国にとって利益がある、そういう原理が働いている。だから、世界の国々はそれぞれ、役割を分担して盛んに貿易をするわけなんです。

ここまでのところは理解できましたか？　なんとなくマジックみたいな気がしませんか？　私がはじめてこの原理を知ったときは、なんとなくキツネにつままれたような気がしました。A国が圧倒的に強いんだから、そのままA国だけで経済活動をすればいいじゃないか。でも、B国の力は絶対的に劣っているけれども、分野によっては、A国と比べてみて、それほど劣っていないところがある。じゃあ、それほど負けていない分野に力を注いで、貿易によってうまく再分配すれば、両国ともに生産量を増やすことができて、お互いにとって利益が高まる。これが、国際貿易は双方にと

比較優位

	小麦		自動車	
	労働者	生産量	労働者	生産量
A国	20人	200	180人	900
B国	200人	1,800	0人	0
	合計	2,000	合計	900

って利益があるという経済理論なんですね。そして、リカードは、この比較優位の原理を示すことで、自由貿易を進めていけば経済全体の発展につながると主張しました。国際的な分業と自由貿易こそが世界に大きな利益をもたらすという説ですね。これが、英国をはじめ欧州諸国が工業化を進めた19世紀前半ごろから、国際貿易の基本的な理論となったのです。

ただ、この原理には、ある商品をつくる技術が同じであるとか、労働力の移動が自由であるとかいくつかの前提条件があることは、覚えておいてください。為替レートや輸送コストのことも考えていないので、かなりざっくりとした考え方でもあるんですね。もともとこの理論は、2国間の貿易について述べたものだったので、多国籍企業が企業内取引を活発に行っているような現実の国際貿易に当てはめようとすると、うまく説明できないことも多いのです。この説が登場した当時から今日まで、「国の産業発展の段階によっては、自由貿易が最善であるとは限らない」という批判が根強くある点も知っておくべきでしょう。

この比較優位の考え方は、長く国際貿易の場で使われることになりましたが、実は、日常生活や会社での仕事など、さまざまなところにも応用できるのです。

分業体制をとると全体の生産性が高まる

たとえば、あなたが漫画家になりたくて、売れっ子漫画家にアシスタントとして弟子入りするとしましょう。ストーリーづくりから始まって、絵を描いたり、背景の色を黒く塗ったりします。すべての作業について、アシスタントよりも売れっ子漫画家のほうが圧倒的に能力を持っていますよね。しかし、ここで比較優位の考え方を使うことができるんです。

アシスタントが背景を塗る場合を考えてみましょう。どの作業でも売れっ子漫画家がやったほうがいいに決まっています。でもそれでは漫画家がストーリーをつくる時間が減ってしまう。この漫画家がなぜ売れっ子かというと、ストーリーがおもしろかったり、主人公の人格の造形や顔の表情など、いわゆるキャラクターをつくるのがうまかったりするからです。

これに対して、背景の塗りはアシスタントだって漫画家と比べてそれほど差はないだろうということも考えられるわけです。おもしろいストーリーを考えることだと、漫画家が1か月10本に対して、アシスタントは2本。でも背景の塗りは、漫画家は1日に100枚、アシスタントは40枚とすると、ストーリーでは、10対2、背景の塗りだったら、10対4です。作業ごとに比べてみたら、背景の塗りでは圧倒的に負けているわけではないのです。

こういう状況の場合、すべてを漫画家一人でやらずに、漫画家はストーリーを考えてキャラクターをデザインし、大まかなカット割りをして絵を入れるまでを行い、残りの背景の塗りはアシスタントにやってもらうというやり方をとったほうが、全体として、この事務所でつくる漫画の量は前よりも増えていくんですね。リカードの比較優位の原理を知っているかどうかはともかく、だいたいプロの漫画家はこういう作品の制作体制をとっています。

また、アシスタントにしてみれば、漫画家がどうやってストーリーを組み立てていくのか、どうやってカット割りをしていくのか、背景の塗りをしながら学んでいくことができます。読者として漫画を読んでいるだけではわからない気づきもある。事務所やプロダク

ションとしては、こういう分業体制をとったほうが、全体としては生産性が高まるということになるわけです。

日常生活でも自然に役割分担している

また、比較優位の原理は、最初に学んだ「機会費用」の考え方の応用でもあるのです。機会費用とは、ある行動を選択したことによって失った利益も計算に入れた利益のことでしたね。この点を意識すると、知らないうちに比較優位を日常生活に応用していることがよくわかると思います。

たとえば、妻のほうが夫よりもはるかに高給取りであれば、夫婦に赤ちゃんが生まれたとき、子育ては夫がして奥さんが働きに出たほうが、家計全体としての収入が増えるということがありますよね。実は、多くの家庭が2人のうちどちらが働いたほうが月々の収入が高いだろうか、あるいは、どちらが子育てをしたほうがよりよい子育てができるだろうか、と考えて役割分担を決めているんですね。その際、どういう選択をすれば、それぞれの機会費用がいくらになるかも考えながら、よりよいほうを選択するわけです。無意識のうちに、比較優位の原理を使い、夫婦での分業、役割分担をしているということがあるのです。ただ、現実には「夫が働き、妻が育児」という無意識の役割分担は根強いかもしれませんが。

比較優位は
生活にも
役立ちます

ぜひあなたに、比較優位の考え方から汲み取ってほしいことがあります。勉強でもスポーツでも遊びや芸術でも、この人にはかなわないなという人があなたにもいると思います。でも絶対的にあらゆる分野で負けてはいても、まったくダメじゃないとか、けっこういいセンいっている分野があるはずです。その分野に専念していけば、ものすごい才能を持っている人と一緒に仕事をすることによって、会社など全体でみれば、これまでよりもよい、大きな成果を上げることができるのだということなんです。それに、比較優位というのは時間の経過とともに変わるんですね。かつて日本はコンピューターなど電子機器の製造が得意だったのですが、いまは中国などに比較優位が移っています。国もそうですが、個人の場合だって、いまは得意ではない分野の仕事がその人にとって比較優位に変わる時期が来るかもしれません。

私も若いころから、特ダネをとる記者、文章が上手な記者など、とてもかなわないなと思う人たちと一緒に仕事をしてきました。でもそれぞれが役割分担をすると、全体では、よりよい仕事ができるということを自然にやってきたのではないかと感じています。あなたも、実際に働いてみないと、何が自分にとっての比較優位なのかわからないと思います。何が得意なのか、いまは苦手でも、実は比較優位を持てる分野は何だろうか。そう考えながら、学んでください。自分はダメだとコンプレックスを抱いたり、絶望したりしたときには、絶対優位で負けているように見えても、必ず自分にも比較優位があるはずだと考えるようにしてください。

世界恐慌で貿易が落ち込む

　このように、貿易をすることは双方にとっていいことだということがわかりました。それで、世界貿易がだんだんと活発になったのですが、歴史を振り返ると、平坦な道のりではなく、多くの紆余曲折があったことがわかります。最初に説明したように、自由貿易体制ができることによって英国が「世界の工場」として君臨した19世紀の後半以降、たびたび、この枠組みに反対する保護主義の動きが強まるということがありました。

　保護主義は、工業化で遅れていた国は政府が自国の産業を保護し、育てて先進国に追いつくだけの時間の余裕を与えられるべきだという主張なんですね。国際経済の分野では、この「自由貿易か保護貿易か」という対立点、問いかけは、現代までずっと続いているのです。

　ケインズの回で取り上げた１９２９年の**世界恐慌**のときは、世界各国が自国の産業を守るために、製品の輸入量を制限したり、輸入品に高い関税をかけたりしました。関税は、モノを輸入するときに、自国の産業を守るために輸入品にかける税金です。その結果、国際貿易が半分以下に落ち込むなどしたことで、かえって不況になり、恐慌が広がっていったわけです。

この時期、かつて自由貿易を推進していたイギリスも保護主義に転じました。もともと保護主義的だったアメリカが、農業保護のための高関税や輸入制限などを導入する「**スムート・ホーリー関税法**」をつくるなど、一段と保護主義を強めた結果、世界中が猛反発し、ヨーロッパではアメリカ製品の不買運動も始まったんですね。それに反発する形で、各国が**ブロック経済**をつくり、後発の工業国であるドイツや日本なども市場や資源を確保するために、それぞれが経済圏をつくって対抗しました。それが政治的、経済的な摩擦を引き起こし、第二次世界大戦へとつながっていきます。貿易をめぐる経済的な対立がエスカレートしていくと、ついには、政治、軍事的な衝突をも引き起こしてしまうということなんですね。

世界史で習ったときは、ブロック経済圏なんて、昔は、そんな間違った選択をしたんだな、いまではとても考えられない、なんて思いませんでしたか。保護貿易の傾向が強くなっているいま、目の前にあのときの悪夢がよみがえってきているのかもしれないのだから、先のことはわからないものですね。

ブロック経済

特定の国家間で閉鎖的な経済圏を築き、他国を閉め出すような経済体制のこと。

自由貿易促進の取り組み

第二次大戦後は、悲惨な戦争を招いてしまったという反省から、それぞれの国がなるべく自由な貿易をしたほうが、世界全体にとって有益であるという観点で自由貿易を推進する、さまざまな取り組みが行われるようになりました。世界貿易では、国と国との利害を調整するための組織がなかったため、貿易で各国が望むような利益をあげるための国際的な協調体制、ルールが必要でした。そこで、アメリカなど第二次大戦に勝った連合国が中心になって、お金の面で協力する国際機関である国際通貨基金（**IMF**）、世界銀行グループなどと合わせて、関税貿易一般協定（**GATT**）を成立させます。こうした自由貿易のための環境整備を中心になって進めることで、アメリカは経済大国、貿易大国としての地位を高めていったのです。

ＧＡＴＴはGeneral Agreement on Tariffs and Trade（関税および貿易に関する一般協定）という英語の略です。広く世界の国々みんなが参加できるような協定をつくって、互いに関税を引き下げて輸出入を活発にし、世界貿易を拡大していこうという取り組みでした。ＧＡＴＴは国際機関ではなく、各国間の協定なので拘束力が弱かったのですが、交渉を重ねることで、30万品目以上の鉱工業製品の関税を大幅に下げるなど大きな成果を上げました。

しかし、交渉が行き詰まるケースが増えてきたことで、もっと強力な縛りができる国際機関をつくろうということになって１９９５年に、ＧＡＴＴを土台にした世界貿易機関（**WTO**）ができます。サービス貿易や金融取引が膨らむ中で、自由化を専門に協議、調整する場が必要になってきていたという背景もありました。ＷＴＯは世界の１６４の国・地域が加盟する巨大な枠組みで、ＧＡＴＴの機能を引き継いだうえに、

GATT
関税および貿易に関する一般協定

１９４８年発足。輸入品にかかる関税や輸出入規制などの貿易障壁を多国間の交渉によって取り除き、自由貿易を堅持することを目的とする。日本は１９５５年に加盟。

さらに、モノの貿易だけでなくコンピューターソフトなどの知的所有権や環境、労働基準などの分野にルールを拡大し、貿易にかかわる紛争処理などを手がけるようになりました。発足以降、５００件を超える貿易紛争が紛争解決機構に託されました。自由貿易の番人の役割を期待されていたのです。

自由貿易を妨げる保護主義の高まり

しかし、期待のようにはうまくいきませんでした。ＷＴＯは加盟国の全会一致が原則なので、意思決定には時間がかかります。加盟国が増えるにつれて、ますます調整が難しくなり意思決定がしにくくなっていきます。発足から30年近くが過ぎても、いっこうに紛争解決などに力を発揮できずにいます。自由貿易の環境整備もまったく進んでいないのです。番人の役割を果たせない、機能不全が長い間、続いているのです。

たとえば、２００１年から始まった多角的貿易交渉（通称、ドーハ・ラウンド）では、デジタル分野や環境分野でのルールづくりを進めていたのですが、先進国と途上国などの間で激しい対立が繰り返されて、結局、２０１６年に挫折し、交渉が棚上げにされたままで、今日に及んでいます。また、加盟国間の通商紛争を扱う紛争処理制度は２０１９年から機能が止まったままです。アメリカがこの制度に強い不満を持っていて、裁判にたとえると、「最高裁」にあたる上級委員会の委員の補充を拒否して

WTO
World
Trade Organization
世界貿易機関

１９９５年発足。ものだけではなく、サービスや知的所有権も含めた世界の貿易を統括する国際機関。２年に１回、参加国の閣僚会議を開催している。

いるからです。日本が当事国になっている紛争もあり、関係者は危機感を強めています。２０２０年には、６代目のＷＴＯ事務局長が任期途中で突然、辞任して、混乱が起きました。自由貿易の環境を整えるどころか、信頼がゆらぐような事態を招いているのです。

どうしてこんなことになったのでしょうか。さきほど、ちょっと触れた「保護貿易」のほうがいいと考える国がだんだん増えてきたからなんですね。**保護主義の高まりが、自由貿易の流れを妨げるようになってきました**。

少し歴史をさかのぼると、１９８９年にベルリンの壁が崩壊し、東西冷戦が終結して、社会主義国の消滅とともに、市場経済が広がります。これからは世界が自由で民主的になり、平和な時代がくると思われました。経済のグローバル化が進んで、国際貿易も活発になっていきます。

ところが、貿易の拡大が各国の経済成長を後押しする一方で、富める国と貧しい国の差が大きく開いてしまったのです。２００８年に起きたリーマン・ショックのような世界規模の金融危機で市場経済の不安定さがあらわになったり、大量の難民が流入したヨーロッパで国民が不満を高めたりしたことなどで、ヒトの流れや貿易を分断するような動きが目立ってきます。東欧や南米などでは、排外的で強権的な政権が次々に生まれて、国同士の対立、貿易摩擦などが相次ぐようになりました。

とりわけ、それまで自由貿易を先導してきたアメリカが保護貿易に転じたことが、世界貿易の歴史的な転換点となりました。２０１７年に就任したトランプ大統領は、「**アメリカ・ファースト**」（米国第一主義）を掲げて、輸入品に高い関税をかけるなど、保護主義的な貿易政策を次々に打ち出しました。背景には、行きすぎた自由貿易によって、輸入品が増えてアメリカの労働者から仕事を奪っているという考えがありました。労働者や農家の利益になるようにと、国産品の流通を増やし、企業には海外工場を米国に戻すように求めます。ひんぱんに貿易相手国に強硬姿勢を示して、国際的な摩擦が相次ぎました。

１９３０年代のブロック経済再び、激化する米中対立

自由貿易を推進することによって、世界経済、国際政治に圧倒的な力を握ってきた超大国がいきなり内向きになったように見えたので、世界中がびっくりしました。巨額の貿易赤字を抱えて、国内では国民の不満が募るなど経済面での衰えを、もはや隠せなくなってきていたのでしょう。ＷＴＯとは距離を置くようになり、世界市場での自由貿易の推進役という立場を放棄してしまいます。これまでアメリカが主導してきた地域的な経済連携、**ＴＰＰ**（環太平洋経済連携協定）からも離脱してしまいます。参加した国々は、突然、はしごを外されたようなものでした。ＮＡＦＴＡ（北米自由貿易協定）などこれまでに米国が結んだ貿易上の取り決めについても、次々に見直し

貿易のルールづくりも一筋縄ではいかない

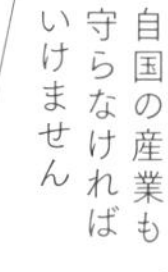

を始めたのです。

それまでにも、WTOでの貿易ルールづくりや紛争処理には時間がかかることから、さまざまな地域で、気心の知れた2国やグループなどが互いに経済連携協定（EPA）などを結んで、ルールづくりを進める動きが広がっていました。保護主義が高まってくるにつれて、北米やアジアなどで貿易のグループ化がさらに進みます。連携協定などを使って、親密な国を増やすといった囲い込みの動きも広がってきました。ヒトの流れや貿易の分断、国同士の対立などが目立つようになり、さきほど触れた1930年代のブロック経済を思わせるようなさまざまな動きが次々にあらわれてきます。

なかでも、もっともそのころの状況と重なって見えてくるのが、「自国第一主義」を掲げたアメリカと「世界の工場」中国という超

日本のEPA締結の流れ

1995年のWTO発足以降、世界中で貿易協定を結ぶ動きが加速します。日本は経済連携協定（EPA）などを柱に自由貿易のネットワークを拡大してきました。2002年にシンガポールと締結し、その後もマレーシア、タイ、ASEANなどと次々に締結、2019年にはEUとも結ぶなど、締結国との貿易は日本の貿易総額の約80%を占めるまでに拡大しています。トルコ、コロンビアとも交渉中で、イスラエル、バングラデシュなどと新たに交渉を始めようとしています。また、78カ国・地域と結んでいる投資協定についてもさらに拡大・深化させようとしています。

大国同士の衝突です。保護貿易に路線を転じたアメリカに対して、力をつけてきた中国は、貿易だけでなく、軍事、金融など多くの分野で挑み始めています。シルクロードをモデルにした独自の経済圏をつくろうという**「一帯一路」**構想を打ち出し、設立したアジアインフラ投資銀行（ＡＩＩＢ）などを通じて、親しい国とグループを形成し、勢力圏を広げようと次々に手を打っています。

関税合戦で加速する米中貿易戦争

２０１８年には、「**米中貿易戦争**」が起こります。21世紀に入ってから、この2大強国の経済摩擦は、ずっと続いていたのですが、対中貿易赤字の増加にいらだったトランプ大統領が中国製品に高関税をかけたことから、

中国の「一帯一路」構想とは

中国の習近平国家主席が2013年に提唱した経済圏構想です。かつて中国とヨーロッパを結んだシルクロードにならい、中央アジア経由の陸路（一帯）と東南アジアからアフリカ東岸までの海上ルート（一路）に沿って、鉄道や港湾などの整備を進めるとしています。対象地域を徐々に拡大しており、中東やアフリカ、東欧、南米など世界全体に広がってきています。海洋進出と並行して親中国の国を増やす狙いがあるとみられ、警戒する国も多いのです。欧州は当初、この構想に好意的で、イタリアが2019年に参加しました。しかし、経済的なメリットが乏しいため、24年に離脱するのではないかと伝えられています。

両国が互いに高関税をかけ合うという報復合戦にまで発展してしまいます。これは中国が開放路線に転じて40年で初めての事態でした。米中の対立は、貿易だけにとどまりません。中国が南シナ海に建設した人工島に地対空ミサイルを配備するなど海洋進出を強めていることにも、アメリカは反発を強めていきます。先端技術が流出しているとして、国内から中国のハイテク大手企業を締め出します。軍事、安全保障の面でもはっきりと対決姿勢を示すようになり、一部で「新冷戦」という見方さえ出てくるほど、激しくぶつかり合うようになっていきました。

そして、2020年以降、地球規模の大変動が、こうした分断と対立の動きを加速するのです。**新型コロナウイルスのパンデミック**（世界的大流行）が起き、次いで2022年には**ロシアがウクライナに軍事侵攻**して戦争

米中貿易の関税合戦

アメリカ		中国

産業機械、ロボットなど約800品目 **340億ドル相当**に 関税25%	 2018年7月	大豆や自動車など約500品目 **340億ドル相当**に 関税25%
半導体など約300品目 **160億ドル相当**に 関税25%	 2018年8月	古紙など約300品目 **160億ドル相当**に 関税25%
家具、家電など約5700品目 **2000億ドル相当**に 関税10%	 2018年9月	液化天然ガスなど約5200品目 **600億ドル相当**に 関税5%または10%

経産省、日本経済新聞ほかを元に作成

を始めました。世界経済は激しく落ち込み、貿易は停滞し、食料やエネルギー資源の奪い合いが始まるなど、保護貿易に向かう国が増えていきます。民主主義、自由主義を重視する国と独裁的で強権的な国とが、しばしば衝突するようになります。分断は深まり、経済のブロック化が一段と進みます。「米中貿易戦争」は、ロシアなどが加わったことで、米欧日などの民主主義陣営と中国・ロシアを中心にした専制的なグループ、どちらにも加わらない中立的な国々、この三つの陣営がしのぎを削る図式に変わってきているようです。こうした状況は、経済摩擦がエスカレートして、原油などのエネルギー資源をめぐって、各ブロックが争った1930年代と、ますます似てきているんですね。

新型コロナのパンデミックによる経済危機

この大変動で世界の経済、貿易がどんな衝撃、変化を受けたか、何がどう変わったのかを少し見てみましょう。まずは、新型コロナのパンデミックです。中国・武漢で最初に感染拡大が確認されたウイルスはまたたく間に世界中に広がり、世界保健機関（WHO）が緊急事態を宣言する事態となりました。2023年4月までに、世界では、6億8千万人前後が感染し、680万人を超える死者が出ています。ほんとうに恐ろしい災害です。感染拡大があなたの暮らしや企業の活動を大きく変えてしまいましたよね。日本でも、東京五輪・パラリンピックが延期されました。非常事態が宣言され、外出制限やイベントの中止が相次いで、経済活動に急ブレーキがかかりました。赤字の続く企業が増え、雇用の打ち切りなどで個人の収入も減少し生活が苦しくなるケースも目立ちました。この本で、最初に「景気」のことを学びましたが、日本の景気は戦後最悪と言われるほど急減速して、２０２０年度の実質ＧＤＰ成長率は、前年比マイナス４・６％に落ち込んだんですね。

世界経済は大きく減速します。世界中で工場の操業停止などが相次ぎ、生産は落ち込み、都市封鎖（ロックダウン）などで物流網は寸断され、消費意欲も減退しました。各国の輸出も減少し、世界貿易は急速に縮小して、２００８年のリーマン・ショックのときよりも落ち込みが大きかったとも言われました。

コロナ禍での日本の実質ＧＤＰの落ち込み

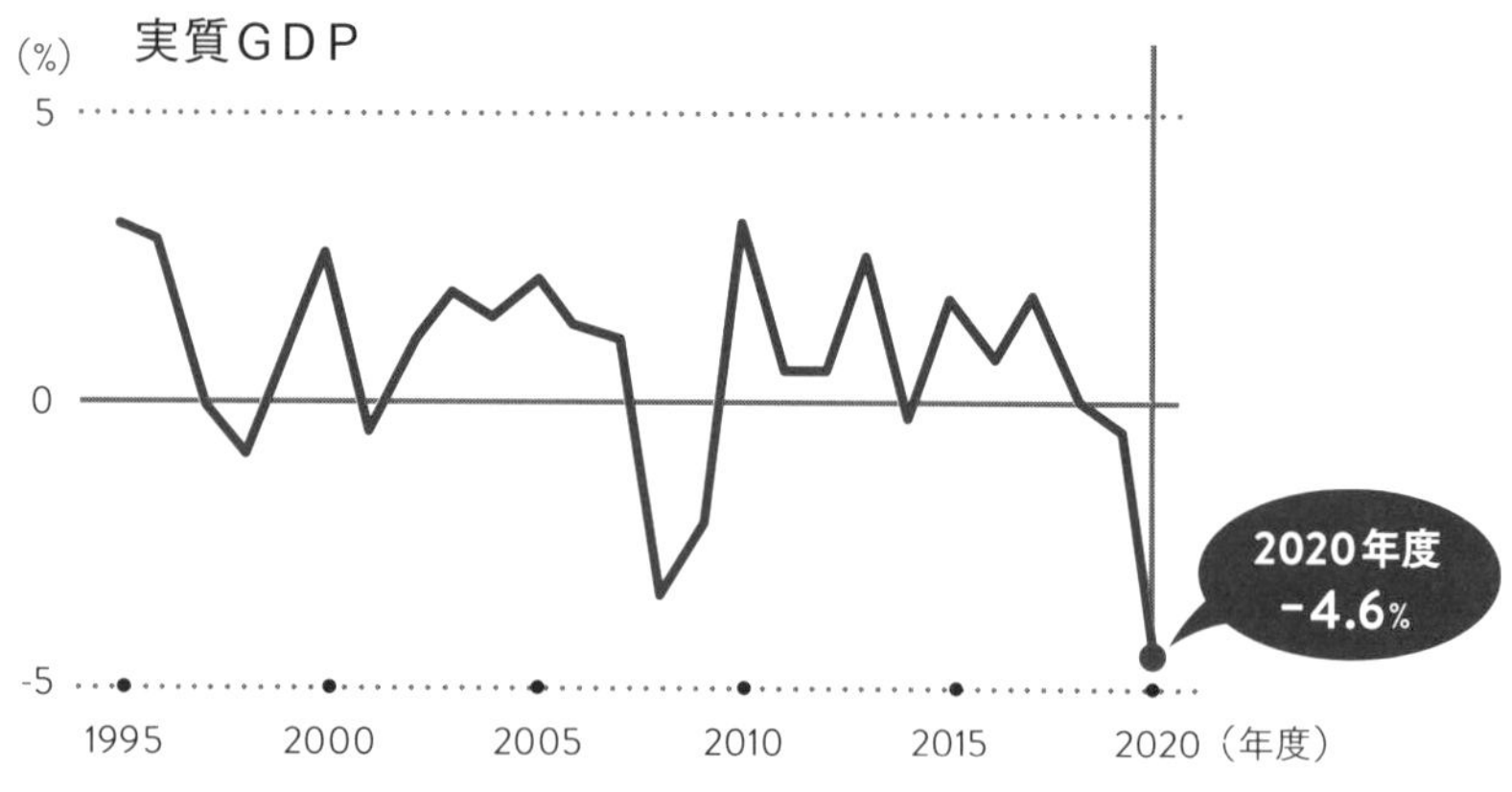

内閣府「2020年度のGDP」を元に作成

実は、国際政治の分野では、数万人規模で犠牲者が出るような感染症は、国際社会、国家にとって安全保障上の脅威であり、これがまん延することは、軍事的な攻撃にも匹敵する影響を及ぼしかねない事態であるとみなされるようになってきているそうです。そういう状況があるので、感染症の対応には、国同士のあつれきや対立などが反映されるといいます。国の安全が脅かされる緊急事態には、内向きで保護主義的な姿勢がいっそう強まるわけです。

生活必需品すらままならず

コロナ・ショックとも言われた経済危機は安全保障上の脅威でもあったので、多くの国が自国第一主義をあらわにし、保護主義に染まっていきます。パンデミックを止めるには、

パンデミックは貿易を止める

感染症の猛威は、ヒトやモノの流れをせき止めてしまいます。過去の感染拡大でも、経済活動、国際貿易に大きな影響を及ぼしました。2020年、コロナ禍で、多くの歴史書や過去の記録が注目を集めたのですが、とりわけ、『ロビンソン・クルーソー』の作者である英国の作家ダニエル・デフォーの『ペスト』が評判になりました。これを読むと、当時の様子が、今回のパンデミックの惨状ととてもよく似ていたことがわかります。1665年にペストに襲われたロンドンでは、推定人口46万人の約6分の1が犠牲になったと言われています。連日、犠牲者が増える中で、都市封鎖（ロックダウン）が実施され、会合や催し、飲食店の営業は禁止されます。あらゆる商売がとまり、雇用は停止されました。恐ろしい疫病に全世界が極度の警戒の色を示し、外国貿易も止まってしまいます。フランス、オランダ、スペイン、ポルトガルなど各国は、英国船の入港を禁止し、取引を拒否しました。輸出品の製造は中止され、製造業は大打撃を受けたそうです。それから350年あまり、疫病が経済活動の大きなリスクである点は、変わっていないのです。

感染拡大に苦しむ国を助けるような国際協力が欠かせなかったのですが、マスクや防護服、消毒液などの医療関連物資が不足すると、多くの国が国内にとどめるために物資の輸出を制限しました。アメリカが人工呼吸器や医療用マスクの輸出を規制したのをはじめ、トイレットペーパーやせっけん、小麦粉などの食料の輸出さえ制限した国もあったのです。

アメリカでは、新たに就任したバイデン大統領も、中国への半導体の先端技術の輸出規制を大幅に強化し、国内の製造業への投資に手厚い保護を進めるなど、コロナ禍で一段と経済のブロック化を進めていきました。世界貿易そのものは、各国の大規模な経済対策などの効果で、コロナ禍による落ち込みから急回復したのですが、ここ数年で貿易体制はかなり様変わりしてきています。

ロシアのウクライナ侵攻が資源と食料の危機を加速させた

米中の貿易摩擦が本格化した2018年以降、アメリカの中国からの輸入が伸び悩む一方で、**ASEAN**（東南アジア諸国連合）からの輸入が大きく増加しています。中国企業がASEAN諸国に工場を移していることもあるのではないかとの指摘もあります。賃金上昇などで、すでに生産拠点としての中国の魅力は薄れていたこともあって、「世界の工場」が中国からASEANに移りつつあるのではないかという観測も出てきているのです。

さらに、ロシアによるウクライナ侵略が分断に拍車をかけます。国際秩序、世界の安全保障を揺るがす暴挙にとどまらず、軍事侵攻によって、これまで自由貿易を前提にしてきたエネルギーや食料を世界に供給するしくみをずたずたに壊してしまいました。資源や食料の供給がとどこおり、世界的な物価上昇を加速し、**インフレーション**の懸念が強まるなど世界経済に大きな影を落としています。

驚いた日米欧など主要な民主主義国は、厳しい経済制裁を科すことにして、有数の資源国であるロシアからの石炭、原油の輸入を禁止します。ロシアはこれに対抗して、ポーランド、フィンランド、ドイツなど欧州諸国への天然ガスや電気の供給を停止したり、減らしたりしました。エネルギー資源を武器として使い、揺さぶりをかけてきたわけです。日

ワクチン争奪戦　コロナ禍で自国第一が鮮明に

コロナ危機が深刻になるにつれて、各国はあからさまに自国優先、自国第一の行動をとるようになりました。感染拡大を防ぐカギとなるワクチン開発が進むと、世界で争奪戦が激化し、囲い込みによって供給がとどこおる事態も起きました。国民の安全、生命がかかっているので、仕方ない面もありますが、買い占めなどで国際社会が眉をひそめる自国優先の行動に出る国もありました。WHOは、富裕国がワクチンを買いだめする限り、感染は収束しないとして、争奪戦に苦言を呈しました。日本はワクチン開発が遅れていたため、国民の安全を守る観点から問題だという指摘も相次ぎました。

また、地球規模で貿易が止まり、**サプライチェーン**（供給網）が寸断されたため、マスクなどの医療関連物資が不足しました。日本でもドラッグストアなどの店頭から消えたり、手に入れるために早朝から行列する姿も見られたりしました。さらに、多くの国が医療用マスクなどの物資を国内にとどめるため輸出を制限しました。薬品や人工呼吸器だけでなく、トイレットペーパーやせっけん、小麦粉などの食料まで対象になりました。危機が保護主義を加速したわけです。

本も含めて、どの国も資源をどう確保するのか、どこから調達するのかなど考え直さざるを得なくなりました。

食料についても同様で、世界有数の穀倉地帯が戦場になったことで、地球規模での「穀物危機」の恐れが強まりました。侵攻したロシア軍がウクライナ南部の港を封鎖して、小麦やトウモロコシなどの輸出を止め、アフリカ諸国などでは飢餓の広がりも心配されました。世界中が非難し、ようやく輸出は再開しますが、穀物輸出は前年に比べて約3割減少し、種や肥料の入手が難しくなったことから、2024年以降の収穫も減るのではないかと心配されています。こうした事態は国民の生命や安全を脅かしかねないだけに、さらに保護主義の広がりを強めることにもなりました。食料や資源を入手しやすい国と仲良くしようとか、反対に資源を使って友好国を増やすと

ASEAN諸国の貿易総額の推移

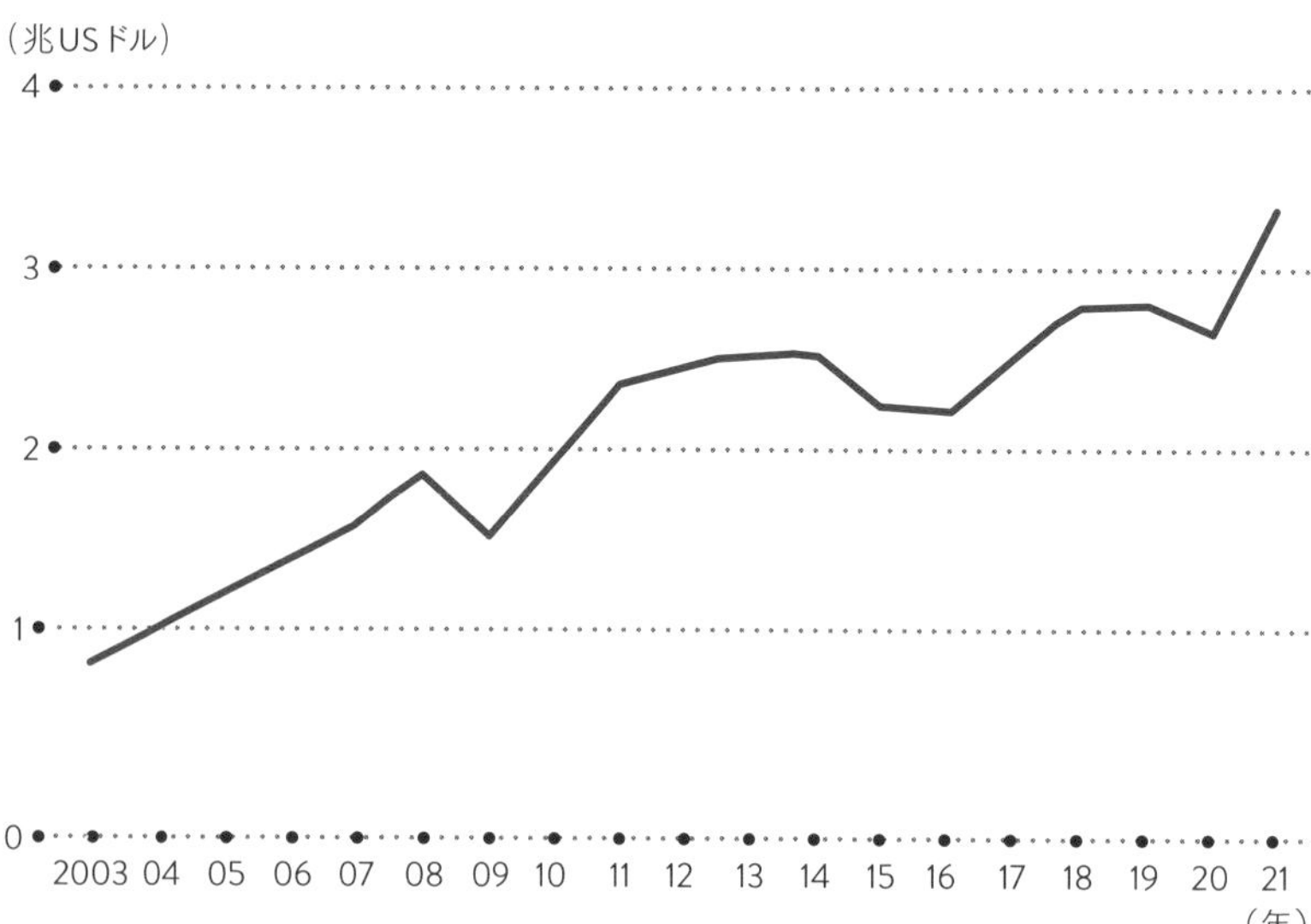

内閣府「ASEAN諸国の貿易総額（対世界）」を元に作成

いった動きが目立つようになったのです。危機によって、世界の分断、経済のブロック化の動きが一段と進みます。

ブロック経済と世界の分断の中、日本はどう立ち回るのか

ウクライナ戦争を始めたロシアは、中国に急接近していきます。中国はもともと、ロシアの親密な貿易相手だったのですが、経済制裁でハイテク製品などの入手も難しくなるなど経済的に苦しいので、さらに親しくなることで、支援してもらおうというわけです。これで「中・ロを中心にした強権的な陣営」がはっきりします。これに米欧日などの民主主義陣営が対抗していて、さらに、どちらにも加わらない中立的な国々が様子をうかがうといった状況がますます鮮明になってきたわけです。

戦争が長引き、ロシアが戦術核兵器を使うのではないか、これは「新しい戦前」という時代の始まりであり、世界は、第三次世界大戦に向かっているのではないかといった懸念さえ語られるようになってきているのです。

自由貿易を柱とした世界経済の秩序がガラガラと崩れ、経済のブロック化、世界の分断が進行しています。そのなかで、貿易立国・日本はどうすればいいのでしょうか。政治家や経済学者も知恵を絞らないといけません。でもこれは、あなたたち一人ひとりが答えを探す問題でもあるんですね。

ブロック化が進む中で、どうすればいいかは、なかなか難しい問題です。日本は第二次世界大戦での敗戦後、自由な貿易や投資ができる環境が整ってきたおかげで、復興をなしとげて豊かな国に発展することができました。この経済環境を守るために何ができるのか、国際社会にどんな貢献ができるのかを、懸命に考えなければならないと思います。

戦前は、資源を持たない国ゆえに、エネルギー資源争奪戦の中で、選択を間違えて無謀な戦争に突き進んでしまいました。似たような状況になりつつある現在、つねに慎重で賢い判断が求められるのではないかと思います。

まずは、日本がアメリカ、ヨーロッパなど主要な民主主義国の陣営にいる点を確認し、友好協力関係を強化することが大事です。そのうえで、各国と協力して、WTOの再建など世界の自由貿易体制の立て直しに協力して、地道に保護主義への流れを変えていくべきでしょう。それに並行して、2国間の経済連携協定（EPA）や地域連携協定などを活用することで、自由貿易の重要性を粘り強く説いていく必要があります。

米中の2大超大国のそれぞれと密接な経済関係を築いてきた日本は、両国がはげしくぶつかり合う中で、今後、ますます難しい選択を迫られることになります。アメリカが撤退したあとのTPP（環太平洋経済連携協定）では、日本が中核的な役割を果たしてきたのですが、そこに2021年、中国が加盟を申請してきました。アメリカが抜けたあとで、主導権をにぎろうという思惑が透けて見えますね。影響力を強めようとする中国に、日本はどう対応するのか、ここでも手腕が問われます。

国際貿易による豊かさをどう守るか

さて、これまでの説明で、世界の国々がなぜ貿易をしているのか、ほかの国々と資源や工業製品などを売り買いしているのか、いくらか、その理由がわかってきたのではないかと思います。貿易によって富が増えるからですね。

戦後、地球規模で、自由な市場での貿易が盛んに行われるにつれて、経済成長する国が増えていきました。

貧しかった国々が先端技術を手に入れて豊

世界貿易の推移

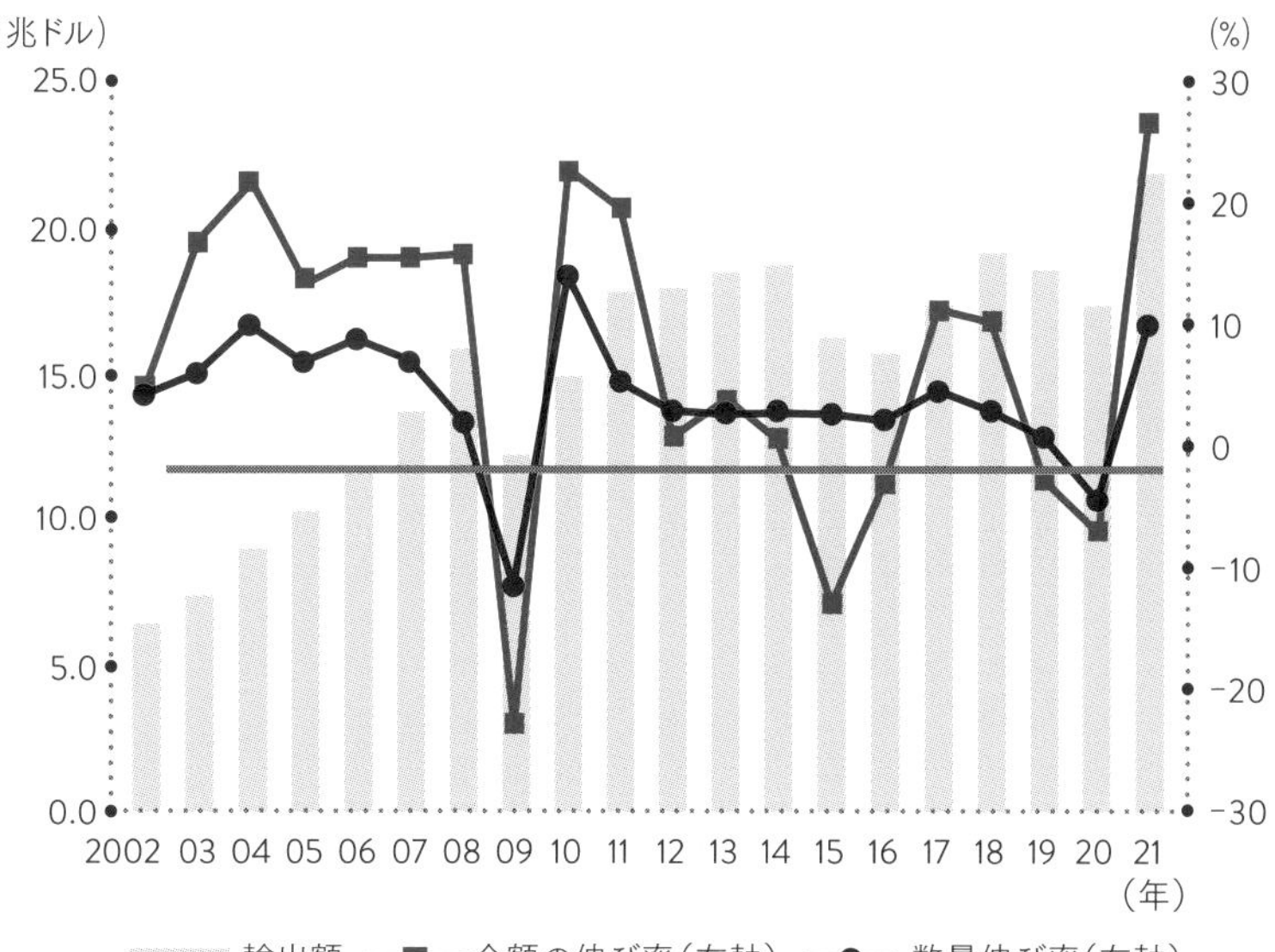

JETRO、WTOのデータを元に作成

かになるという「富の分配」の連鎖が続きました。おかげで日本もこの輪に入ることができたのです。

背後で働いていたのが、貿易によって、お互いが豊かになるという「比較優位」の原理です。

長く続いた豊かさの連鎖、それがいま大きな転機を迎えています。国際貿易の拡大、経済のグローバル化が進むとともに、所得格差が拡大したり、失業が増えたりした国々を中心に、保護主義への逆戻りが始まっています。

19世紀の初め、証券仲買人として成功したリカードは、ナポレオン戦争後の激動の時代に経済の論客として活躍しました。

イギリスが安い穀物の輸入を禁止した穀物条例の廃止を訴えて、議論を繰り広げました。論争を経て書いた本の中で、「比較優位」の原理を確立し、保護主義的な輸入制限が続けば、やがて資本家、地主、労働者の間で所得の分配をめぐって深刻な対立を招くようになると警告したのです。彼は下院議員になり、国債の整理などとともに、穀物条例の廃止を強く訴え続けます。リカードが亡くなって20年以上あとに穀物条例が廃止されると、イギリスは前例のないほどの自由貿易国家に変わり、経済大国に発展していきます。

保護主義を乗り越えて、自由貿易を進めていくには、リカードの原理だけでなく、制度やしくみを変えようと粘り強く主張し続けた、そのような姿勢にも学びたいところですね。

Q 復習問題 7

Question

左記の文章が正しいかどうか、〇か×で答えましょう。

第1問 リカードによれば、生産量の多い「絶対優位」にあたる国が生産に専念したほうが、経済的に発展する。

第2問 1930年代のブロック経済は、1929年から始まった世界恐慌がきっかけである。

第3問 GATTを土台にした国際機関は次のうち**2**である。
1 WTO　**2** WHO　**3** WFP

＊答えは258ページにあります

A Answer 復習問題の答え

Chapter.1

第1問
× 欲しい人がたくさんいるということは、需要が増えたということ。

第2問
× この場合、コンサートに行かずにアルバイトをしていたらもらえたはずの給料などのことを言う。

第3問
× GDPは国内総生産。

第4問
× 経済成長していても景気が悪い場合がある。

第5問
○ **1**の「企業の景況感」。

Chapter.2

第1問
○ 金本位制度は、持っている兌換銀行券をいつでも金に換えてもらえる制度。

第2問
× 日本銀行は日本銀行法で設立された認可法人で、国有銀行ではない。

第3問
× 紙幣は日本銀行が発行。

Chapter.3

第1問
× 重商主義とは、輸出で貴金属をため込むことが国を豊かにするという考え方。

愚者は経験に学び、賢者は歴史に学ぶと言います

× **第2問** 作業を分担することで生産力が上がることが分業。

× **第3問** 企業に補助金を出すような政策は経済の発展につながらないとアダム・スミスは批判した。

× **第4問** 『国富論』には、「神の手」とは書かれていない。

○ **第5問** **3**の「消費財」。

Chapter.4

○ **第1問** 使用価値があるから交換価値が生まれる。

○ **第2問** 労働者は正当な給料を受け取って働いているということ。

○ **第3問** 労働者に給料を払って働かせることによって払った給料以上の利益を生み出すことが、資本家による労働者の搾取なのだとマルクスは考えた。

× **第4問** 正解は**2**の「エンゲルス」。

Chapter.5

○ **第1問** 均衡財政とは、財政の支出と収入の釣り合いがとれているということ。

○ **第2問** 乗数効果とは、投資によって新たな需要を生み出すこと。効果が高いほうが景気がよくなる。

いまを生きるヒントが見つかりました！

第3問

○ 貯蓄性向が下がれば、市場に回るお金が増えて景気は回復しやすくなる。

第4問

× 正解は**1**の「インフレ」。

Chapter.6

第1問

○ ジョージ・W・ブッシュ大統領は就任時、企業への減税や福祉予算の削減など、新自由主義的な政策をとっていた。

第2問

○ リバタリアンは完全自由主義者などと訳される。

第3問

○ フリードマンは、企業の社会的責任は株主への利益を最大化することだと言っている。

第4問

○ **3**の「学校選択制」。

Chapter.7

第1問

× 他国と比べて得意な分野「比較優位」を生かしたほうが経済効率がよく、それぞれの国が発展する。

第2問

○ 世界各国が輸入品に高い関税をかけたりして、かえって不況になってしまった。

第3問

× **1**の「WTO（世界貿易機関）」。

書籍製作スタッフ

イラストレーション	北村 人
ブックデザイン	新井大輔 八木麻祐子
構成	武安美雪
編集協力	玉利伸吾
DTP	forest
校正	麦秋アートセンター

本書はBSジャパン（現BSテレ東）で2011年から2012年にかけて放送された
『池上彰のやさしい経済学』をもとに、2013年11月に日経ビジネス人文庫より刊行した
『池上彰のやさしい経済学1　しくみがわかる』に加筆、修正を加え、再編集したものです。

池上彰 Akira Ikegami

ジャーナリスト・名城大学教授
長野県生まれ。慶應義塾大学経済学部卒業後、NHK入局。社会部記者や科学文化部記者を経て、報道局記者主幹に。1994年よりNHK「週刊こどもニュース」で、ニュースをわかりやすく解説し、人気を博す。
2005年NHK退局後、フリージャーナリストとしてさまざまなテーマについて取材し、幅広いメディアに出演する。著書に『伝える力』(PHPビジネス新書)、『知らないと恥をかく世界の大問題』シリーズ(角川新書)、『世界史を変えたスパイたち』(日経BP)など、ベストセラー多数。

池上彰のやさしい経済学【令和新版】
1 しくみがわかる

2023年6月22日　1刷

著者 池上 彰
編者 テレビ東京報道局

発行者 國分正哉
発行 株式会社日経BP
日本経済新聞出版
発売 株式会社日経BPマーケティング
〒105-8308　東京都港区虎ノ門4-3-12
編集 白石 賢・木村やえ
印刷・製本 凸版印刷株式会社

Printed in Japan　ISBN 978-4-296-11769-7